信息时代财务会计理论与实务研究

朱翠景　童丽丽　童国良◎著

中国商业出版社

图书在版编目（CIP）数据

信息时代财务会计理论与实务研究 / 朱翠景, 童丽丽, 童国良著. -- 北京 : 中国商业出版社, 2023.8

ISBN 978-7-5208-2593-1

Ⅰ. ①信… Ⅱ. ①朱… ②童… ③童… Ⅲ. ①财务会计—研究 Ⅳ. ①F234.4

中国国家版本馆CIP数据核字（2023）第162474号

责任编辑：吴　倩

中国商业出版社出版发行

（www.zgsycb.com　100053　北京广安门内报国寺 1 号）

总编室：010-63180647　编辑室：010-83128926

发行部：010-83120835/8286

新华书店经销

北京七彩京通数码快印有限公司印刷

*

787 毫米×1092 毫米　16 开　11 印张　210 千字

2023 年 8 月第 1 版　2023 年 8 月第 1 次印刷

定价：50.00 元

*　*　*　*

（如有印装质量问题可更换）

前　言

随着计算机技术的迅猛发展，信息技术开始普遍应用于各种行业，已成为实现企业发展目标的有效途径。在信息时代，为了能够与市场竞争环境相适应，企业财务的信息化管理技术应运而生，企业会计实务中也良好地融入了信息化技术。

本书对信息时代企业财务会计理论与实务进行了研究，包括八章内容。第一章为财务会计基本理论，包括财务会计的基本要素、财务会计的职能和目标、财务会计的信息质量要求、财务会计的计量属性及原则、财务会计报告等内容。第二章为财务会计与现代信息技术，包括信息社会与影响企业财务管理的信息技术、信息技术对会计的影响、会计信息化与企业信息化等内容。第三章为企业信息系统的建设，包括利用信息系统重新设计组织、企业信息系统的开发、企业信息系统的实施、企业信息系统的维护等内容。第四章为会计信息系统的建设，包括会计信息系统的概念、性质和类型，会计信息系统的模式和基本要求，会计信息系统的结构与功能，会计软件与会计信息化监督等内容。第五章为会计信息系统的管理，包括会计信息化组织及岗位、会计信息系统内部控制、会计信息系统使用管理、会计信息系统维护管理、会计信息系统档案管理等内容。第六章为云会计在企业信息系统中的应用，包括云会计概述、云会计在企业应用中的优势及问题分析、企业会计信息化下云会计应用的完善对策等内容。第七章为信息时代企业财务管理的规划与实践，包括信息时代的企业财务管理规划、会计信息资源利用等内容。第八章为企业会计信息化风险及防范，包括企业会计信息化的风险管理分析、企业会计信息化风险防范体系的构建、企业会计信息化的风险防控具体对策等内容。

本书广泛地汲取了前人的研究成果、最新的学术信息，通过言简意赅的语言、丰富的知识点以及清晰的结构，对信息时代企业财务会计理论与实务进行了全面且深入的分析，以期为相关研究提供参考和借鉴。由于时间仓促，本书中难免会出现这样或那样的不足，企盼读者提出宝贵意见。

目　录

第一章　财务会计基本理论 …………………………………… 1

第一节　财务会计的基本要素 …………………………… 1

第二节　财务会计的职能和目标 ………………………… 9

第三节　财务会计的信息质量要求 ……………………… 11

第四节　财务会计的计量属性及原则 …………………… 14

第五节　财务会计报告 …………………………………… 17

第二章　财务会计与现代信息技术 ………………………… 20

第一节　信息社会与影响企业财务管理的信息技术 …… 20

第二节　信息技术对会计的影响 ………………………… 34

第三节　会计信息化与企业信息化 ……………………… 40

第三章　企业信息系统的建设 ……………………………… 55

第一节　利用信息系统重新设计组织 …………………… 55

第二节　企业信息系统的开发 …………………………… 60

第三节　企业信息系统的实施 …………………………… 63

第四节　企业信息系统的维护 …………………………… 65

第四章　会计信息系统的建设 ……………………………… 68

第一节　会计信息系统的概念、性质和类型 …………… 68

第二节　会计信息系统的模式和基本要求 ……………… 76

第三节　会计信息系统的结构与功能 …………………… 82

第四节 会计软件与会计信息化监督 …… 88

第五章 会计信息系统的管理 …… 92

第一节 会计信息化组织及岗位 …… 92
第二节 会计信息系统内部控制 …… 96
第三节 会计信息系统使用管理 …… 98
第四节 会计信息系统维护管理 …… 102
第五节 会计信息系统档案管理 …… 105

第六章 云会计在企业信息系统中的应用 …… 109

第一节 云会计概述 …… 109
第二节 云会计在企业应用中的优势及问题分析 …… 112
第三节 企业会计信息化下云会计应用的完善对策 …… 124

第七章 信息时代企业财务管理的规划与实践 …… 139

第一节 信息时代的企业财务管理规划 …… 139
第二节 会计信息资源利用 …… 147

第八章 企业会计信息化风险及防范 …… 156

第一节 企业会计信息化的风险管理分析 …… 156
第二节 企业会计信息化风险防范体系的构建 …… 160
第三节 企业会计信息化的风险防控具体对策 …… 165

参考文献 …… 169

第一章　财务会计基本理论

第一节　财务会计的基本要素

企业财务会计提供的以财务信息为主的经济信息，来自企业的经济活动。现代化企业的经济活动，主要包括生产和销售产品（劳务）的生产经营活动，多渠道、多形式筹集资金的活动以及运用企业资产进行直接或间接的对外投资活动。上述企业经济活动中能够用货币表现的方式形成价值运动，是企业财务会计反映与控制的对象。

企业财务会计的对象，是企业已经发生或已经完成的价值运动。可以具体划分为不同组成部分，即会计要素。企业经济活动中的价值运动，是由连续不断发生的“交易”和“事项”（我国统称经济业务或会计事项）组成的。“交易”指企业与外部单位之间发生的各项经济往来，如商品购销、资金筹集、相互投资等；“事项”指企业内部发生的各项经济活动，如材料投产、产品入库等。为了能够实现财务会计目标，财务会计有必要对这些“交易”和“事项”按其性质的不同划分为不同的会计要素。

一、资产

资产是指企业过去的交易或者事项形成的、由企业拥有或者控制的、预期会给企业带来经济利益的资源。

（一）资产的特征

根据资产的定义，资产应同时具备以下几个方面的特征。

1. 资产预期会给企业带来经济利益

资产具有直接或者间接导致现金和现金等价物流入企业的潜力。这种潜力可以来自企业日常的生产经营活动，也可以是非日常活动；带来的经济利益可以是现金或者现金等价物，或者是可以转化为现金或者现金等价物的形式，或者是可以减少现金或者现金等价物流出的形式。

2. 资产应为被企业拥有或者控制的资源

企业的资产是指企业享有某项资源的所有权，或者虽然不享有某项资源的所有权，但该资源能被企业控制。企业享有资产的所有权，通常表明企业能够排他性地从资产中获取经济利益。通常在判断资产是否存在时，所有权是考虑的首要因素。有些情况下，资产虽然不为企业所拥有，即企业并不享有其所有权，但企业控制了这些资产，同样表明企业能够从资产中获取经济利益，符合会计上对资产的定义，因此，可以将其作为企业的资产予以确认。如果企业既不拥有也不控制资产所能带来的经济利益，就不能将其作为企业的资产予以确认。

3. 资产是由企业过去的交易或者事项形成的

过去的交易或者事项包括购买、生产、建造行为或者其他交易或事项。只有过去的交易或者事项才能产生资产，企业预期在未来发生的交易或者事项不形成资产。例如，企业有购买某存货的意愿或者计划，但是购买行为尚未发生，就不符合资产的定义，不能因此而确认存货资产。

（二）资产的分类

资产按流动性质一般分为以下两类。

1. 流动资产

流动资产一般指能在一年内或者超过一年的一个营业周期内变现或者耗用的资产，包括现金及各种存款、交易性金融资产、应收及预付款项、存货等。

2. 非流动资产

非流动资产一般指不能在一年内或者超过一年的一个营业周期内变现或者耗用的资产，如长期股权投资、持有至到期投资、固定资产、投资性房地产、无形资产等。

此外，资产还可以按不同标准划分为货币性资产和非货币性资产、有形资产和无形资产、金融资产和非金融资产。

（三）认定为资产的条件

按照《企业会计准则》的规定，将一项资源确认为资产，需要同时满足以下三个条件。

1. 符合资产的定义

只有符合资产的定义才能做到主观符合客观，财务会计才能提供可靠、相关的会计信息。

2. 与该资源有关的经济利益很可能流入企业

从资产的定义可以看到，能否带来经济利益是资产的一个本质特征，但在现实生活中，由于经济环境瞬息万变，与资源有关的经济利益能否流入企业或者能够流入多少，实际上带有不确定性。因此，资产的确认还应与经济利益流入的不确定性程度的判断结合起来。如果根据编制财务报表时所取得的证据，与资源有关的经济利益很可能流入企业，那么就应当将其作为资产予以确认；反之，不能确认为资产。

3. 该资源的成本或者价值能够可靠地计量

由于财务会计系统是一个确认、计量、记录和报告的系统，其中计量起着枢纽作用，可计量性是所有会计要素确认的重要前提，资产的确认也是如此。只有当有关资源的成本或者价值能够可靠地计量时，资产才能予以确认。

二、负债

负债是指企业过去的交易或者事项形成的、预期会导致经济利益流出企业的现时义务。

（一）负债的特征

按照负债的定义，负债应同时具备以下几个方面的特征。

1. 负债是企业承担的现时义务

现时义务是指企业在现行条件下已承担的义务。未来发生的交易或者事项形成的义务，不属于现时义务，不应当确认为负债。义务可以是法定义务，也可以是推定义务。法定义务是指具有约束力的合同或者法律法规规定的义务，通常在法律意义上需要强制执行。推定义务是指根据企业多年来的习惯做法、公开的承诺或者公开宣布的政策而导致企业将承担的责任，这些责任使得有关各方形成了企业将履行义务解脱责任的合理预期。例如，某企业多年来制定一项销售政策，对于售出商品提供一定期限内的售后保修服务，预期将为售出商品提供的保修服务就属于推定义务，企业应当将其确认为一项负债。

2. 负债预期会导致经济利益流出企业

只有企业在履行义务时会导致经济利益流出企业的，才符合负债的定义，才可以将其确认为负债。如果履行义务时不会导致企业经济利益流出，就不符合负债的定义，则不可以将其确认为负债。在履行现时义务清偿负债时，导致经济利益流出企业的形式多种多样。例如，用现金偿还或以实物资产形式偿还，以提供劳务形式偿还，部分转移资产、部分提供劳务形式偿还，将负债转为资本，等等。

3. 负债是由企业过去的交易或者事项形成的

只有过去的交易或者事项才形成负债，企业将在未来发生的承诺、签订的合同等交易或者事项，不形成负债。

（二）负债的分类

负债一般按偿还期长短分为以下两类。

1. 流动负债

流动负债一般指将在一年内或者超过一年的一个营业周期内偿还的债务，包括短期借款、交易性金融负债、应付票据、应付账款、预收账款、应付职工薪酬、应交税费、应付利润、其他应付款。

2. 非流动负债

非流动负债一般指偿还期在一年以上或者超过一年的一个营业周期以上的债务，包括长期借款、应付债券、长期应付款项、专项应付款和预计负债等。

负债还可以按不同标准划分为货币性负债和非货币性负债、金融负债和非金融负债。

（三）认定为负债的条件

按照《企业会计准则》的规定，将一项现时义务确认为负债，需要同时满足以下三个条件。

1. 符合负债的定义

只有符合负债的定义才能做到主观符合客观，财务会计才能提供可靠、相关的会计信息。

2. 与该义务有关的经济利益很可能流出企业

从负债的定义可以看到，预期会导致经济利益流出企业是负债的一个本质特征。在实务中，履行义务所需流出的经济利益带有不确定性，尤其是与推定义务相关的经济利益通常需要依赖于大量的估计。因此，负债的确认应当与经济利益流出的不确定性程度的判断结合起来，如果有确凿证据表明，与现时义务有关的经济利益很可能流出企业，就应将其作为负债予以确认；反之，如果企业承担了现时义务，但是会导致企业经济利益流出的可能性很小，就不符合负债的确认条件，不应将其作为负债予以确认。

3. 未来流出的经济利益的金额能够可靠地计量

负债的确认在考虑经济利益流出企业的同时，对于未来流出的经济利益的金额应当能够可靠计量。对于与法定义务有关的经济利益流出金额，通常可以根据合同或者法律规定的金额予以确定，考虑到经济利益流出的金额通常在未来期间，有时未来期间较长，有关金额的计量需要考虑货币时间价值等因素的影响。对于与推定义务有关的经济利益流出金额，企业应当根据履行相关义务所需支出的最佳估计数进行估计，并综合考虑有关货币时间价值、风险等因素的影响。

三、所有者权益

所有者权益是指企业资产扣除负债后由所有者享有的剩余权益。公司的所有者权益又称为股东权益。所有者权益是所有者对企业资产的剩余索取权，是企业资产中扣除债权人权益后应由所有者享有的部分。通过所有者权益既可反映所有者投入资本的保值增值情况，又可以树立保护债权人权益的理念。

（一）所有者权益的特征

按照所有者权益的定义，所有者权益应同时具备以下几个方面的特征。

第一，所有者权益是在资产减去负债后留剩在资产中所体现的剩余权益，其数额大小是由资产减负债后的余额决定的。

第二，所有者权益一般表现为企业所有者的投资及其增加的权益，其数额大小受所有者投资增减和利润分配的影响。

（二）所有者权益的来源

所有者权益的来源包括所有者投入的资本、直接计入所有者权益的利得和损失、留存收益等，通常由股本（或实收资本）、资本公积（含股本溢价或资本溢价、其他资本公积）、盈余公积和未分配利润构成。

1. 所有者投入的资本

所有者投入的资本是指所有者投入企业的全部资本，既包括构成企业注册资本或者股本部分的金额，也包括投入资本超过注册资本或者股本部分的金额，即资本溢价或者股本溢价，这部分投入资本在我国企业会计准则体系中被计入了资本公积。

2. 直接计入所有者权益的利得和损失

直接计入所有者权益的利得和损失，是指不应计入当期损益、会导致所有者权益发生增减变动的、与所有者投入资本或者向所有者分配利润无关的利得或者损失。其中，利得是指由企业非日常活动所形成的、会导致所有者权益增加的、与所有者投入资本无关的经济利益流入。损失是指由企业非日常活动所发生的、会导致所有者权益减少的、与向所有者分配利润无关的经济利益流出。直接计入所有者权益的利得和损失主要指可供出售金融资产的公允价值变动损益、以权益结算的股份支付和现金流量套期中，有效套期部分的公允价值变动损益等。

3. 留存收益

留存收益是指企业历年实现的净利润留存于企业的部分，主要包括累计计提的盈余公积和未分配利润。其中盈余公积又包括法定公积金和任意公积金。

所有者权益体现的是所有者在企业中的剩余权益，因此，所有者权益的确认主要依赖其他会计要素的确认，尤其是依赖资产和负债的确认；所有者权益金额的确定也主要取决于资产和负债的计量。例如，企业接受投资者投入的资产，在该资产符合企业资产确认条件时，就相应地符合了所有者权益的确认条件；当该资产的价值能够可靠计量时，所有者权益的金额也就相应可以确定。

四、收入

收入是指企业在日常活动中形成的、会导致所有者权益增加的、与所有者投入资本无关的经济利益的总流入。

（一）收入的特征

按照收入的定义，收入应同时具备以下几个方面的特征。

1. 收入是企业在日常活动中形成的

日常活动是指企业为完成其经营目标所从事的经常性活动以及与之相关的活动。例如，工业企业制造并销售产品、商业企业销售商品、保险公司签发保单、咨询公司提供咨询服务、商业银行对外贷款等，均属于企业的日常活动。明确界定日常活动是为了将收入与利得相区分，因为企业非日常活动所形成的经济利益的流入不能确认为收入，而应当计入利得。

2. 收入会导致所有者权益的增加

与收入相关的经济利益的流入应当会导致所有者权益的增加，不会导致所有者权益增加的经济利益的流入不符合收入的定义，不应确认为收入。例如，企业向银行借入款项，尽管也导致了企业经济利益的流入，但该流入并不导致所有者权益的增加，反而使企业承担了一项现时义务。企业对于因借入款项所导致的经济利益的增加，不应将其确认为收入，应当确认为一项负债。

3. 收入是与所有者投入资本无关的经济利益的总流入

收入应当会导致经济利益的流入，从而导致资产的增加。例如，企业销售商品，应当收到现金或者在未来有权收到现金，才表明该交易符合收入的定义。但是在实务中，经济利益的流入有时是由所有者投入资本的增加所导致的，所有者投入资本的增加不应当确认为收入，应当将其直接确认为所有者权益。

（二）收入的构成

收入一般由主营业务收入（或基本业务收入）和其他业务收入（或附营业务收入）

构成。其中，主营业务收入一般是指收入金额大、所占比重高、业务发生比较频繁的经济利益流入，如工业企业的产品销售收入、商品流通企业的商品销售收入、施工企业的工程结算收入等。其他业务收入则是指收入金额小、所占比重低、业务发生比较不频繁的经济利益流入，如工业企业的材料销售收入、技术转让收入、固定资产出租收入等。

五、费用

费用是指企业在日常活动中发生的、会导致所有者权益减少的、与向所有者分配利润无关的经济利益的总流出。

（一）费用的特征

按照费用的定义，费用应同时具备以下几个方面的特征。

1. 费用是企业在日常活动中形成的

费用是企业在日常活动中形成的，日常活动的界定与收入定义中涉及的日常活动的界定相一致。日常活动所产生的费用通常包括营业成本、职工薪酬、折旧费、无形资产摊销费等。将费用界定为由日常活动所形成的，是为了将费用与损失相区分，企业非日常活动所形成的经济利益的流出不能确认为费用，而应当计入损失。

2. 费用会导致所有者权益的减少

费用会导致所有者权益的减少，不会导致所有者权益减少的经济利益的流出不符合费用的定义，不应确认为费用。如将银行存款用于偿还银行贷款，会形成经济利益流出企业，但不会导致所有者权益减少，所以不能确认为费用。

3. 费用是与向所有者分配利润无关的经济利益的总流出

费用的发生应当会导致经济利益的流出，从而导致资产的减少或者负债的增加（最终也会导致资产的减少）。其表现形式包括现金或者现金等价物的流出，存货、固定资产和无形资产等的流出或者消耗等。鉴于企业向所有者分配利润也会导致经济利益的流出，而该经济利益的流出显然属于所有者权益的抵减项目，不应确认为费用，应当将其排除在费用的定义之外。

（二）费用的构成

费用一般由成本费用和期间费用构成。

1. 成本费用

成本费用是指计入生产经营成本的费用，即企业为生产商品和提供劳务等而发生的费用，如工业企业计入产品成本的直接人工、直接材料、其他直接支出和制造费用，商品流通企业计入商品采购成本的各项支出（如计入国内购进商品采购成本的国内购进商品的原始进价、购入环节缴纳的税金等，计入国外购进商品采购成本的进价、进口税金、付给代理单位海外运保费及佣金等）。

2. 期间费用

期间费用是指计入当期损益的费用，指企业行政管理部门为组织与管理生产经营活动而发生的管理费用和财务费用，为销售商品和提供劳务发生的销售费用。

（三）认定为费用的条件

由于费用的确认会导致经济利益流出企业，因此，费用的确认除了应当符合定义外，还应当满足严格的条件，即费用只有在经济利益很可能流出从而导致企业资产减少或者负债增加，且经济利益的流出额能够可靠计量时才能予以确认。因此，费用的确认至少应当符合以下三个条件。

(1) 与费用相关的经济利益应当很可能流出企业。

(2) 经济利益流出企业的结果会导致资产的减少或者负债的增加。

(3) 经济利益的流出额能够可靠计量。

六、利润

利润是指企业在一定会计期间的经营成果。通常情况下，如果企业实现了利润，表明企业的所有者权益将增加，业绩得到了提升；反之，如果企业发生了亏损（利润为负数），表明企业的所有者权益将减少，业绩下降。因此，利润往往是评价企业管理层业绩的一项重要指标，也是投资者、债权人等会计信息使用者进行决策时的重要参考依据。

（一）利润的特征

按照利润的定义，利润应同时具备以下几个方面的特征。

第一，利润是企业一定时期用货币表现的最终财务成果。

第二，利润数额的大小是通过收入减费用后的余额决定。

第三，计算利润的收入是广义的收入，包括前述作为会计要素的收入、投资收益、营业外收入及相关资产的公允价值变动收益；计算利润的费用是广义的费用，包括前述作为会计要素的费用、投资损失、营业外支出及相关资产的公允价值变动损失。

（二）利润的构成

利润包括收入减去费用后的净额、直接计入当期利润的利得和损失等。其中，收入减去费用后的净额反映的是企业日常活动的业绩，直接计入当期利润的利得和损失反映的是企业非日常活动的业绩。直接计入当期利润的利得和损失，是指应当计入当期损益、会导致所有者权益发生增减变动的、与所有者投入资本或者向所有者分配利润无关的利得或者损失。企业应当严格区分收入和利得、费用和损失之间的区别，以更加全面地反映企业的经营业绩。

利润体现的是收入减去费用、利得减去损失后的净额的概念，因此，利润的确认主要依赖于收入和费用以及利得和损失的确认，其金额的确定也主要取决于收入、费用、利得、损失金额的计量。

上述是企业财务会计的六项基本要素，是财务会计报表组成项目的基本分类。可以分为两类：一类反映企业某一时期的财务状况；另一类反映企业某一时期的经营成果。

第二节　财务会计的职能和目标

一、财务会计的职能

会计的职能是会计固有的功能，是会计本质的体现。现代会计作为一个经济信息系统，具有以下五项职能：反映经济活动；控制经济活动；评价经营业绩；预测经营前景；提供经营决策支持。财务会计的基本职能是反映和控制，其中反映职能是决定会计本质的首要职能。

（一）反映经济活动

企业经济活动过程客观地存在于数量方面，财务会计通过某一系列程序和方法，把已经发生或已经完成的经济活动的数据记录下来，并经过必要的计算、分析、综合，加工成为全面、系统的财务信息，包括资产、负债、所有者权益增减的信息，费用发生的信息，收入取得和利润实现及其分配的信息等，主要反映企业已经形成的财务状况、财务状况的变化和经营成果，为控制经济活动、评价经营业绩提供必要依据，并可供预测经营前景和进行经营决策时参考。在会计的反映职能中，记录是最基本的内容，但记录所反映的往往是事物的表面现象，只有把记录的原始数据进行必要的计算加工（主要是分析、综合），分类汇总成为一系列财务信息，才能深入经济过程的内部，揭示客观事物的本质联系，因此，分析、综合是反映的深化，是反映职能的重要因素。

（二）控制经济活动

会计对经济的控制，主要在于引导经济活动按照预定的计划和要求进行，以实现既定的目标。财务会计的控制职能主要体现在会计监督方面，会计监督通常是通过会计确认来实现的。在我国，国家财经政策、法规、企业会计准则、企业会计制度、计划或预算等，是实施会计监督的依据，财务会计经过对企业经济活动有关数据进行会计确认，把符合会计确认标准的数据进行加工处理，提供反映计划或预算实际执行情况的财务信息，同时分析与检查企业经济活动是否符合国家财经政策和法规的要求，是否偏离计划或预算，是否取得预期的效益，使企业管理部门能及时采取措施，对经济活动进行必要的调节，或制止不合法和不合理的经济活动。

（三）评价经营业绩

财务会计的评价职能是通过财务报表的分析来实现的。财务会计提供企业财务状况和经营成果的历史信息，反映了企业生产经营活动、筹资活动和投资活动各个方面的实绩；通过对比分析在财务报告中予以揭示，就能从财务方面全面地评价经济活动的成败得失及其原因，肯定成绩，发现问题，并提出改进经营管理的对策。

（四）预测经营前景和提供经营决策支持

财务会计提供的历史信息，有的具有预测价值，有的与经营决策相关。例如，影响企业财务状况的由企业所控制的经济资源及其利用效果的资料，有助于预计企业今后获取收入的能力；关于资金结构的资料，有助于预计今后的借款需要、现金流量和利润分配的情况，也有助于预计企业进一步筹集资金的成功程度；关于资金流动性和偿债能力的资料，有助于预计企业在未来财务承诺到期时的履约能力；关于企业经营业绩变化的资料，有助于预计企业在现有资源基础上的获利能力和利用新增资源可能取得的效益；关于企业财务状况变动的资料，有助于评价企业过去投资、筹资和经营等活动；等等。所有这些，对做出经营决策都是必需和有用的。

二、财务会计的目标

企业财务会计的目标是指会计应当达到的目的要求，主要是向信息使用者提供信息。企业财务会计目标随着社会制度、经济体制等客观环境的变化而变更，各信息使用者对会计信息的需要不尽相同。

企业财务会计主要通过包括财务报表在内的财务报告对使用者提供信息。财务报告（表）的目标或目的，一般理解为财务会计的目标。

国际会计准则委员会公布的《国际会计准则——关于编制和提供财务报表的框架》认为：“财务报表的目标是提供在经济决策中有助于一系列使用者的关于企业财务状况、经营业绩和财务状况变动的资料”，“财务报表的使用者包括现有的和潜在的投资者、雇员、贷款人、供应商和其他的商业债权人、顾客、政府及其机构和公众。他们利用财务报表来满足对资料的某些不同需要”。投资者“关心他们投资的内在风险和投资报酬，他们需要资料来帮助他们决定是否应当买进、保持或卖出；股东们还关心能帮助他们评估企业支付股利的资料”；“贷款人关心那些使他们确定自己的贷款和贷款利息能否得到按期支付的资料”；“供应商和其他债权人关心能使他们确定企业所欠他们的款项能否如期支付的资料”；“政府及其机构关心资源的分配，因此也关心企业的活动。为了管制企业的活动，决定税收政策和作为国民收入等统计资料的基础，他们也需要资料”。

第三节 财务会计的信息质量要求

会计信息的质量要求是对企业财务会计报告中所提供会计信息质量的基本要求，是使财务报告中所提供的会计信息对投资者等使用者决策有用而应具备的基本特征。它包括可靠性、相关性、可理解性、可比性、实质重于形式、重要性、谨慎性和及时性等八个方面。

一、可靠性

可靠性要求企业应当以实际发生的交易或者事项为依据进行确认、计量和报告，如实反映符合确认和计量要求的各项会计要素及其他相关信息，保证会计信息真实可靠，内容完整中立。

企业应以实际发生的交易或者事项为依据进行确认、计量和报告，不得根据虚构的、没有发生的或者尚未发生的交易或者事项进行确认、计量和报告；会计人员需要依靠其扎实的专业文化素养，对会计信息进行可验证的处理，并能如实反映实际的交易和事项。

二、相关性

相关性要求企业提供的会计信息应当与投资者等财务报告使用者的经济决策需要相关，有助于投资者等财务报告使用者对企业过去、现在或者未来的情况做出评价或者预测。相关性的核心是对决策有用。

会计信息质量的相关性要求企业在确认、计量和报告会计信息的过程中，充分考虑使用者的决策模式和信息需要。相关的会计信息应当能够有助于使用者评价企业过去的决策，证实或者修正过去的有关预测，因而具有反馈价值。相关的会计信息还应当具有预测价值，应有助于信息使用者根据财务报告所提供的会计信息预测企业未来的财务状况、经营成果和现金流量。

三、可理解性

可理解性要求企业提供的会计信息应当清晰明了，便于投资者等财务报告使用者理解和使用。企业编制财务报告、提供会计信息的目的在于使用，而要使使用者有效使用会计信息，就应当让其了解会计信息的内涵，清楚会计信息的内容，这就要求财务报告所提供的会计信息应当清晰明了，易于理解。只有这样，才能提高会计信息的有用性，实现财务报告的目标，满足向投资者等财务报告使用者提供有用的决策信息的要求。

四、可比性

可比性要求企业提供的会计信息应当具有可比性。可比性是指一个企业的会计信息与其他企业的同类会计信息尽量做到口径一致，相互可比。这主要包括两方面：纵向可比和横向可比。

纵向可比是指同一企业不同时期可比。比较企业在不同时期的财务报告信息，全面、客观地评价过去、预测未来，从而做出决策。会计信息质量的可比性要求对同一企业不同时期发生的相同或者相似的交易或者事项，应当采用一致的会计政策，不得随意变更。如果确有必要变更的，则有关会计政策变更的情况应当在附注中予以说明。

横向可比是指不同企业相同会计期间可比。为了便于投资者等财务报告使用者评价不同企业的财务状况、经营成果和现金流量及其变动情况，会计信息质量的可比性要求对不同企业同一会计期间发生的相同或者相似的交易或事项，应当采用规定的会计政策，确保会计信息口径一致、相互可比，以使不同的企业能够按照一致的确认、计量和报告要求提供有关会计信息。

五、实质重于形式

实质重于形式要求企业应当按照交易或者事项的经济实质进行会计确认、计量和报告，不应仅以交易或者事项的法律形式为依据。

在多数情况下，企业发生的交易或事项的经济实质和法律形式是一致的。但在有些情况下，外在法律形式并不能反映经济实质的内容，所以实质重于形式就是要求在对会计要素进行确认和计量时，应重视交易的实质，而不管其采用何种形式。例如，融资租入固定资产的确认，在租赁期未满前，法律形式上的所有权没有转移给承租企业，但从经济实质上讲，该项固定资产的相关收益和风险已转移给承租企业，因此承租企业将融资租入固定资产作为本企业的固定资产进行处理。

除了融资租赁的核算体现实质重于形式外，还有长期股权投资后续计量成本法与权益法的选择、收入的确认、关联方交易的确定、合并报表的编制等会计处理，也都体现了实质重于形式的要求。

六、重要性

重要性要求企业提供的会计信息应当反映与企业财务状况、经营成果和现金流量等有关的所有重要交易或事项。在会计确认、计量过程中对交易或事项应当区别其重要程度，采用不同的核算方式。对资产、负债、损益等有较大影响，并进而影响财务会计报告使用者据以做出合理判断的重要会计事项，必须按照规定的会计方法和程序予以处理，并在财务会计报告中予以充分、准确的披露；对于次要的会计事项，在不影响会计信息真实性和不至于导致财务会计报告使用者做出错误判断的前提下，可适当简化处理。

如果财务报告中提供的会计信息省略或者错报会影响投资者等信息使用者据此做出决策的，则该信息就具有重要性。重要性的应用需要依赖职业判断，企业应当根据其所处的环境和实际情况，从项目的质和量两个方面加以判断。从性质方面考虑，只要该会计事项对财务报告使用者的决策有重大影响，就应属于重要事项；从数量方面考虑，只要该会计事项达到总资产的一定比例，就应确认为重要事项。

七、谨慎性

谨慎性要求企业对交易或者事项进行会计确认、计量和报告时应当保持应有的谨慎，不应高估资产或者收益，低估负债或者费用，不得计提秘密准备。

在市场经济环境下，企业的生产经营活动面临着许多风险和不确定因素。会计信息质量的谨慎性要求企业在面临不确定因素的情况下做出职业判断时，应当保持应有的谨慎，充分估计到各种风险和损耗，既不高估资产或收益，也不低估负债或费用。谨慎性在会计中的应用包括对应收账款提取坏账准备、对存货提取存货跌价准备、固定资产加速折旧、企业内部研究开发项目阶段支出计入当期损益、预计负债的确认等，都体现了谨慎性原则。

但是，谨慎性的应用并不允许企业设置秘密准备，即不能滥用谨慎性，如果企业故意低估资产或收入，或者故意高估负债或费用，将不符合会计信息的可靠性和相关性要求，会损害会计信息质量，扭曲企业实际的财务状况和经营成果，从而对使用者的决策产生误导，造成会计秩序的混乱，这是会计制度所不允许的。

八、及时性

及时性要求企业对于已经发生的交易或事项，应当及时进行确认、计量和报告，不得提前或者延后。

会计信息的价值在于帮助所有者或者其他使用者做出经济决策，它具有时效性。即使是可靠的、相关的会计信息，如果不及时提供，也会失去时效性，其对使用者的效用就大大降低，甚至不再具有实际意义。在会计确认、计量和报告过程中贯彻及时性，一是要求及时收集会计信息，即在经济交易或者事项发生后，及时收集、整理各种原始单据或者凭证；二是要求及时处理会计信息，即按照会计准则的规定，及时对经济交易或者事项进行确认或计量，并编制财务报告；三是要求及时传递会计信息，即按照国家规定的有关时限，及时地将编制的财务报告传递给财务报告使用者，便于其及时使用和决策。

第四节　财务会计的计量属性及原则

一、计量属性

会计计量属性主要包括历史成本、重置成本、可变现净值、现值和公允价值等。

（一）历史成本

历史成本又称为实际成本，就是取得或制造某项财产物资时所实际支付的现金或者其他等价物。在历史成本计量下，资产按照其购置时支付的现金或者现金等价物的金额，或者按照购置资产时所付出的对价的公允价值计量。负债按照其因承担现时义务而实际收到的款项或者资产的金额，或者承担现时义务的合同金额，或者按照日常活动中为偿还负债预期需要支付的现金或者现金等价物的金额计量。

历史成本计价的优点如下。

第一，在市场上客观确定的成交购进价格，具有客观性。

第二，在物价稳定的情况下能体现企业可用的资源数额。

第三，由过去市场上成交所确定，有原始凭证为依据，具有可验证性。

第四，有助于确定在取得或生产资产时耗用资源的经营责任。

但按历史成本计价也有一定的缺点。

第一，仅能反映资产在购入或生产时的价格，而不能反映其投入价值的不断变化，因而很快就成为过时的计量。

第二，在物价变动的情况下，不同时期购入的资产的成本缺乏可比性，加总得不出有意义的总括数字。

第三，根据计算的销货成本和按现行市价计算的销货收入相配比，不能确切地计量本期的经营成果。

（二）重置成本

重置成本又称现行成本，是指按照当前市场条件，重新取得同样一项资产所需支付的现金或现金等价物金额。在重置成本计量下，资产按照现在购买相同或者相似资产所需支付的现金或者现金等价物的金额计量。负债按照现在偿付该项债务所需支付的现金或者现金等价物的金额计量。

重置成本计价的优点如下。

第一，反映的资产价值较接近于现行变现净值，更为真实。

第二，使前后各期获取的资产成本具有可比性，加总得出的资产价值具有实在的经济意义。

第三，以重置成本与现时收入配比计算净收益，能比较确切地反映当期的经营成果。

第四，能避免物价变动时期收益计算的虚假现象，并确保企业资产耗用的实物补偿。

资产按重置成本计价的缺点主要有以下两点。

第一，资产（特别是季节性的，特种型号资产）的重置成本资料往往难以获得，因而缺乏客观性，从而影响资产信息的可靠性。

第二，在物价变动情况下，按资产项目分别确定现行重置成本的工作量相当繁重。

（三）可变现净值

可变现净值是指在正常生产经营过程中，以预计售价减去进一步加工成本和销售所必需的预计税金、费用后的净值。在可变现净值计量下，资产按照其正常对外销售所能收到现金或者现金等价物的金额扣减该资产至完工时估计将要发生的成本、估计的销售费用以及相关税金后的金额计量。

（四）现值

现值是指对未来现金流量以恰当的折现率进行折现后的价值，是考虑货币时间价值因素等的一种计量属性。在现值计量下，资产按照预计从其持续使用和最终处置中所产生的未来净现金流入量的折现金额计量。负债按照预计期限内需要偿还的未来净现金流出量的折现金额计量。

（五）公允价值

公允价值是指在公平交易中，熟悉情况的交易双方自愿进行资产交换或者债务清偿的金额。在公允价值计量下，资产和负债按照在公平交易中熟悉情况的交易双方自愿进行资产交换或者债务清偿的金额计量。

二、计量原则

（一）权责发生制原则

权责发生制是指凡是当期已经实现的收入和已经发生或应当负担的费用，不论款项是否收付，都应作为当期的收入和费用处理；凡是不属当期的收入和费用，即使款项已在当期收付，都不应作为当期的收入和费用。

（二）实际成本原则

实际成本原则，又称历史成本原则，是指企业的各项财产物资应当按取得或购建时的实际成本计价。实际成本核算原则要求对企业资产、负债、所有者权益等项目的计算基于经济业务的实际交易价格或成本，物价变动时，除国家另有规定者外，不得调整账面价值。

（三）配比原则

配比原则是指收入与其相对应的成本、费用应当在同一期间相互配合，以便计算出当期损益。它要求在会计核算中，一个会计期间内的各项收入与其相关联的成本、费用，应当在同一会计期间内进行确认、计量、记录和对比。

收入和费用的上述配比，只有在权责发生制核算基础上才会产生。这种配比包括两方面的配比：一是收入和费用在因果关系上的配比；二是收入和费用在时间上的配比，属于同一会计期间。

（四）划分收益性支出与资本性支出原则

会计核算应当严格区分收益性支出与资本性支出的界限，正确地计算企业的当期损益。所谓收益性支出是指为取得本期收益而发生的支出，这种支出应当与本期收益配比。

所谓资本性支出是指不仅为取得本期收益而发生的支出。换句话，凡是支出的效益仅与本会计年度相关时，应当作为收益性支出；凡支出的效益与几个会计年度相关时应当作为资本性支出。

一般来说，收益性支出与资本性支出划分是否得当，对企业财务状况的可靠性和损益的确定将产生直接影响。如果一笔收益性支出按资本性支出处理了，则会造成费用少计而资产价值多计的结果，出现净收益虚增和资产价值虚增的现象，这种会计处理的结果直接对企业不利。反之，则有损于股东的利益。

企业在对会计要素进行计量时，一般应当采用历史成本，采用重置成本、可变现净值、现值、公允价值计量的，应当保证所确定的会计要素金额能够取得并可靠计量。

我国企业会计准则体系建设适度、谨慎地引入了公允价值这一计量属性，在引入公允价值过程中，我国充分考虑了公允价值应用的三个级次。

第一，存在活跃市场的资产或负债，活跃市场中的报价应当用于确定其公允价值。

第二，不存在活跃市场的，参考熟悉情况并自愿交易的各方最近进行的市场交易中使用的价格或参照实质上相同的其他资产或负债的当前公允价值。

第三，不存在活跃市场，且不满足上述两个条件的，应当采用估值技术等确定资产或负债的公允价值。

需要注意的是，我国引入公允价值是适度、谨慎和有条件的。原因是考虑到我国尚属新兴的市场经济国家，如果不加限制地引入公允价值，有可能出现公允价值计量不可靠，甚至会出现借此人为操纵利润的现象。因此，在投资性房地产和生物资产等具体准则中规定，只有存在活跃市场、公允价值能够取得并可靠计量的情况下，才能采用公允价值计量。

第五节　财务会计报告

一、财务会计报告的定义和目标

（一）财务会计报告的定义

财务会计报告，又称财务报告，是指企业对外提供的反映企业某一特定日期财务状况和某一会计期间经营成果、现金流量等会计信息的文件。

（二）财务会计报告的目标

财务会计报告的目标，是向财务会计报告使用者提供与企业财务状况、经营成果和现金流量等有关的会计信息，反映企业管理层受托责任履行的情况，有助于财务报告使用者做出经济决策。财务会计报告使用者通常包括投资者、债权人、政府及其有关部门和社会公众等。

二、财务会计报告的构成及其分类

（一）财务会计报告的构成

财务会计报告包括会计报表及其附注和其他应当在财务会计报告中披露的相关信息和资料。一套完整的财务会计报告至少应当包括“四表一注”，即资产负债表、利润表、现金流量表、所有者权益（或股东权益）变动表以及附注。中期财务报告至少应当包括资产负债表、利润表、现金流量表和附注。

资产负债表反映企业在一定时期所拥有的资产、需要偿还的债务以及股东拥有的净资产的情况；利润表反映企业在一定会计期间的经营成果，即利润或亏损，表明企业拥有资产的获利能力；现金流量表反映企业在一定会计期间现金及现金等价物流入和流出情况；所有者权益变动表反映构成企业所有者权益的各组成部分当期增减变动情况。

附注是财务报表不可或缺的组成部分，是对资产负债表、利润表、现金流量表等报表中列示项目的文字描述或明细资料，以及对未能在这些报表中列示项目的说明等。

（二）财务会计报告的分类

企业的财务报告分为年度、半年度、季度和月度财务报告。月度、季度财务报告是指月度和季度终了提供的财务报告；半年度财务报告是指在每个会计年度的前 6 个月结束后对外提供的财务报告；年度财务报告是指年度终了对外提供的财务报告。

通常情况下，企业年度财务报告的会计期间是指公历每年的 1 月 1 日至 12 月 31 日；半年度财务报告的会计期间是指公历每年的 1 月 1 日至 6 月 30 日，或 7 月 1 日至 12 月 31 日；季度财务报告的会计期间是指公历每一季度；月度财务报告的会计期间是指公历每月的第一日至最后一日。

三、财务会计报告的编制要求

企业编制的财务会计报告应当真实可靠、相关可比、全面完整、编报及时、便于理解，符合国家统一的会计制度和会计准则的有关规定。其基本要求如下。

（一）真实可靠

如果会计报表所提供的资料不真实或者可靠性很差，则会致使报表使用者做出错误的决策。企业会计准则规定，会计核算应当以实际发生的交易或事项为依据，如实反映企业的财务状况、经营成果和现金流量。

（二）相关可比

企业会计报表所提供的财务会计信息必须与报表使用者的决策需要相关，满足报表使用者的需要，并且会计报表各项目的数据应当口径一致、相互可比，便于报表使用者在不同企业之间及同一企业前后各期之间进行比较。

（三）全面完整

企业会计报表应当全面地披露企业的财务状况、经营成果和现金流动情况，完整地反映企业财务活动的过程和结果，以满足各有关方面对财务会计信息资料的需要，不得漏编漏报。

（四）编报及时

企业会计报表所提供的信息资料，具有很强的时效性。只有及时编制和报送会计报表，才能为使用者提供决策所需的信息资料。

（五）便于理解

可理解性是指会计报表提供的信息可以为使用者所理解。因此，编制的会计报表应当清晰明了，便于理解和利用。

企业对外提供的财务会计报告应当依次编定页数、加具封面、装订成册、加盖公章。封面上应当注明：企业名称、企业统一代码、组织形式、地址、报表所属年度或者月份、报出日期，并由企业负责人和主管会计工作的负责人、会计机构负责人（会计主管人员）签名并盖章；设置总会计师的企业，还应当由总会计师签名并盖章。

第二章　财务会计与现代信息技术

第一节　信息社会与影响企业财务管理的信息技术

会计与现代信息技术有紧密的联系。信息技术的应用，不仅提高了会计实务工作的效率，还提升了会计的管理、控制和决策能力，会计信息化的理论与实践随之发生重大转变。本章以现代信息技术为立足点，深入解析信息社会、大数据时代以及信息技术对会计的影响，在此基础上探究会计信息化与企业信息化问题。

人类社会已步入了以原子能、电子计算机、空间技术和生物工程的发明和应用为代表的第三次科技革命。第三次科技革命是继蒸汽技术革命和电力技术革命之后在科技领域的又一次重大飞跃，这次革命涉及信息技术、生物技术、空间技术、新材料技术和新能源技术等多个领域。电子计算机的发展和应用是第三次科技革命的核心。而互联网（Internet）恰恰是电子计算机与通信技术有机结合的完美产物，它的出现使不同国界、不同地域的计算机连接在一起，实现数据和信息的联机共享与传输，是信息、数据传输和数据分享最重要的媒介和渠道。互联网的出现，是人类社会历史发展中极为重要的一个里程碑，标志着人类社会从此进入信息时代。

在信息时代，随着“互联网 +”技术的不断创新和应用变迁，现代企业所处的宏观环境和微观环境也在不断变化，这种变化影响着现代企业的生产方式、经营和管理方式、资金流转渠道、财务投资与决策手段、会计管理和审计技术等方面。会计行业是最早利用信息技术和网络技术的行业之一，在会计核算、财务决策、内部审计、挖掘价值等方面取得了突破性进展；同时，会计信息管理系统的不断迭代和升级，也为现代企业提供了准确分析企业资源、重新发现企业价值、重构企业服务模式、提升财务管理水平等的重要工具和方式方法。

一、信息社会

（一）信息技术与信息化

1. 信息技术的发展与应用

信息技术（Information Technology，IT）通常也被称为信息与通信技术（Information and Communications Technology，ICT），是用于管理和信息处理的各种技术的总称，主要是应用计算机科学和通信技术来进行设计、开发、安装和实施的信息系统与应用软件，包括通信技术、计算机与信息技术、传感技术和控制技术，因此信息技术具有技术性和信息性的重要特征。信息技术的研究领域包括科学、技术、工程及管理学等，是一个综合性、跨门类的学科和专业。信息技术的核心包括信息获取、信息传递、信息处理与加工、信息存储、信息管理和信息安全等内容。信息技术的应用包括计算机硬件和软件、网络和通信技术、应用软件开发工具等。

信息技术的发展经历了单一数据处理、综合数据处理、系统信息管理和辅助决策四个阶段。

当今社会，人们已经利用信息技术进行各类信息的生产制造、资金交易、信息交换、信息加工、信息处理和信息传播，如电子网站、电子书籍和报刊、网络支付、网络电视和卫星电视等。信息技术还广泛应用于电子商务、远程控制、网络远程（视频）会议、网络信息搜集、网络计算机、会计与审计等领域。

现代信息技术的发展趋势如下。

（1）网络化和智能化。现代信息技术发展的网络化和智能化主要是指信息设备的操作与使用将更加便捷和智能。

（2）微型化和集成化。计算机硬件越来越微型化、便携化，性能更加强大；各类计算机软件也将向小巧化、离线化、集成化方向发展。

（3）高速化和大容量。随着通信技术和计算机技术的不断发展和创新，网络速度越来越快，硬件容量也越来越大。

（4）复杂信息数字化。数字化可以将诸多复杂、动态的信息以可计量的数据、数字进行量化，再以这些量化后的数据构建起数字化模型，转变为二进制代码后利用计算机进行处理。信息的数字转换处理技术逐步走向成熟，应用越来越广。

（5）终端类型多样化。日常使用的笔记本电脑、智能手机、iPad 等个人信息以及电视、空调、冰箱等家电设备均向着网络终端设备的方向发展，形成了丰富多样的网络终端。

2. 信息化的内涵与发展

当今时代是信息化的时代，信息化是推动社会变革和经济发展的重要力量。自 20 世纪 80 年代起，随着计算机技术、通信技术的不断融合与网络技术的不断创新发展，企业信息化越来越普及和重要，现代企业的信息化的边界已远远超越企业内网和外网、电子商务、集成化系统的构建，逐渐覆盖企业的管理、经营、决策、行政和组织文化等多个领域，企业信息化已经成为企业的重要战略。

信息化是充分利用信息技术、开发利用信息资源、促进信息交流和知识共享、提高经济增长质量、推动经济社会发展转型的历史过程。

从信息科技角度而言，信息化是以现代通信技术、网络技术、数据库技术为基础的现代信息技术被广泛应用于社会、经济、金融等各个领域的形态或过程。信息化的实现可以极大提升社会效率，信息化程度在一定程度上代表社会的进步程度、生产力的发展水平、信息资源的共享程度和信息技术的应用程度。

信息化过程中，除信息这一重要因素外，还包括以下因素。

（1）信息设备，包括计算机硬件设备、软件设备、通信设备、网络设备及相关辅助设备。信息设备是实现信息化的基础。

（2）信息技术，包括信息获取技术（如传感技术、遥测技术等）、信息传输技术（如激光技术、光纤技术、红外技术等）、信息处理技术（如计算机技术、自动化技术、控制技术等）等。信息技术是实现信息化的核心。

（3）信息规范，信息化过程需要对经营、管理、生产等过程中产生的信息及数据进行标准化、规范化、数字化，使之形成能够存储、转换、传输和对接的信息，便于不同领域、不同渠道和不同用户对信息的共享、使用和管理。信息规范是实现信息化的现代会计信息系统教学改革途径研究保障。

（4）信息服务，包括软件服务、硬件服务、系统集成服务、网络服务、信息渠道服务等。通过信息服务将信息设备、信息技术、信息规范等形成一个体系。信息服务是实现信息化的方式。

另外，信息化的实现对于推进社会的进步、经济和金融的发展、企业的经营与管理具有重要的意义和作用，主要体现在以下方面。

第一，国民经济信息化。在经济系统内，信息作为基本的生产要素进行流动，使生产、流动、分配和消费等经济环节通过信息要素来连接，达到提高物质、能源的使用效率和劳动、资本的投入产出效益的目的。国民经济信息化的核心是企业信息化。

第二，社会信息化。社会信息化包括与人们生活、工作相关的社会环境、经济环境、文化环境，以及政务体系、社交体系、生活体系等的信息化、网络化和数字化。社会信息化以计算机技术、信息技术作为重要的手段，构建信息网络，极大影响和改变了人们的社会生活方式和社交方式，改进和优化了工作方式，提高了整个社会运转的效率，使人们享受信息化的成果。

第三，产品信息化。信息技术和智能信息被广泛应用于产品的设计、生产、流转、销售、物流和服务的全流程环节中，产品的信息化程度和智能化程度越来越高，成为“信息产品”、“智造产品”和“智能产品”，产品的人机交互性、信息处理性也越来越强。物联网技术在产品中的广泛应用是产品信息化的重要代表。产品信息化是信息化的基础。

第四，产业信息化。农业、制造业、电力、建筑业、交通业等传统产业与第三产业广泛应用信息技术，实现产业链的横、纵向信息资源共享，构建行业的数据库和网络，实现产业和行业内的各种资源、要素的优化与重组，完成产业升级。

第五，企业信息化。企业在经营和管理过程中广泛应用信息技术，构建完善的信息系统和信息服务渠道，实现经营信息和管理信息的高度共享化、集成化和流程化。企业的电子商务发展是企业信息化的重要代表之一，企业利用计算机网络进行商业贸易和交易活动，将企业与供应端、消费端、金融端、物流端紧密联结在一起，实现从产品设计、订单生成、产品生产到产品销售、物流配送、资金结算等的全方位网络化。

（二）信息社会

以互联网技术为代表的现代信息技术的快速创新发展和深入推广应用，对全球的人类思维方式、生活方式和工作方式的改变及经济发展、社会发展和金融发展的变革，都产生了深刻的影响和巨大作用。计算机技术、通信技术和网络技术的快速发展，使社会发展逐渐由有形社会转变为以信息为主导的无形社会 —— 信息社会。

1. 信息社会的基本概念

信息社会也称信息化社会，是脱离工业化社会后，信息起主要作用的社会。在农业社会与工业社会中，物质和能源是主要资源，社会从事大规模的物质生产；而在信息社会中，信息是比物质和能源更为重要的资源，以开发和利用信息资源为目的的信息经济活动迅速增加，逐渐取代工业生产活动而成为国民经济活动的主要内容。以计算机、微电子和通信技术为主的信息技术革命是社会信息化的动力源泉。

信息技术成为促进经济发展和社会进步的主导技术，信息产业逐步成为社会发展中的主导产业，信息社会正在形成。信息技术在生产、科研教育、医疗保健、企业和政府管理以及家庭中的广泛应用对经济和社会发展产生了巨大而深刻的影响，从根本上改变了人们的生活方式、行为方式和价值观念。当今，远离故乡的游子们，不仅能用写信的手段来寄托对故乡和亲人的思念，还可以随时打电话、发微信、视频连线来传递信息；一台随身携带的笔记本电脑可以存储企业的全部产品信息、客户信息和市场信息，为外出的推销员带来了无比的方便；通过企业内部网可以将企业内部的生产情况、财务状况、人员变动情况等信息随时发送到企业各级主管和经理的桌面电脑中；互联网的兴起，使人们可以在网上查阅资料、购物，网上消费已经实现并迅速扩展，网络技术正强烈影响着人类社会的时空概念；全球一体化市场的形成更使企业面临着前所未有的激烈竞争。

2. 信息社会的基本特征

（1）信息成为重要的战略资源。信息成为决定世界政治经济格局的主要因素之一，信息安全将成为国家安全的第一考虑，信息成为衡量国家综合国力和国际竞争力的标志。如果一个国家既缺乏信息资源，又不重视提高信息的利用能力，就会成为一个贫穷落后的国家。如果一个企业不能实现信息化，就难以提高生产能力，无法与其他企业竞争。在人类社会向信息化时代迈进的今天，能否充分有效地利用各种信息，已成为社会经济和科学技术发展的重要标志。

（2）信息产业成为最大的产业。虽然信息产业不能直接生产出产品，但其能够提高企业的生产水平，改进产品质量，改善劳动条件，产生明显的经济效益和社会效益。当今，信息技术几乎参与了工业和服务业的所有部门，逐渐改变了以制造业为主的工业经济模式，成为国家经济繁荣的主要推动力。

（3）信息网络成为社会的基础设施。信息化社会由信息技术、信息产业、信息资源、信息网络等要素综合组成。信息网络属于硬件部分，相当于高速路，是其他部分发挥效能的物质基础。信息网络的覆盖率和利用率是衡量一个国家信息化程度的重要标志。以互联网为代表的计算机信息网络，其飞速发展给很多国家带来了巨大的好处，加速了全球信息革命的进程。

另外，信息社会具有网络化和数字化的活动环境。在信息社会，信息技术普遍应用于社会的各个角落，生产自动化，管理信息化，整个世界为网络所连接，全球化的网络体系将人、信息（数据）、程序以及其他资源以一种全新的方式联系在一起，人们通过网络传递数字化的信息。

（4）信息社会的企业具有与以往不同的特征。企业处于信息化环境之中，信息成为重要的企业资源，信息技术产生了新的工作方式，知识管理和人力资源管理也成为企业管理的重点。与外部网络化环境相适应，企业的组织结构具有网络化和虚拟性特征。在生产方面，信息技术使企业可以对客户的要求做出实时反映，并按客户要求生产满足个性化需求的定制产品；产品可以在交货地点生产，从而使得生产过程中的库存成本、间接成本、流动成本等大大减少。便利的信息交流使企业内部的信息和知识得以快速、高效的共享。

总之，信息社会中全社会网络化的环境使企业可以优化其资源配置，追求到更大的利润，同时也面临着更为激烈的竞争。

二、大数据

（一）大数据概述

1. 大数据的定义

大数据（Big Data）这个概念是由最先经历信息爆炸的学科，如天文学和基因学创造出来的。如今这个概念已经应用到了几乎所有人类致力于发展的领域中。大数据并非一个确切的概念。最初，这个概念是指需要处理的信息量过大，超出了一般电脑在处理数据时所能使用的内存量，因此工程师们必须改进处理数据的工具。大数据这个术语最早应用于Apache org 的开源项目 Nutch 中，用来表达批量处理或分析网络搜索索引产生的大量数据集。

谷歌公开发布 Map Reduce 和 Google File System（GFS）之后，大数据不仅包含数据的体量，而且强调数据的处理速度。在数据分析领域，大数据是前沿技术，大数据以及数据仓库、数据分析、数据安全、数据挖掘是 IT 行业时下最火爆的词汇，大数据的商业价值已经成为信息行业争相追逐的焦点。大数据不仅包括各种互联网信息，还包括各种交通工具、生产设备、工业器材上的传感器，随时随地进行测量产生的海量信息数据。利用新处理模式，大数据具有更强的决策力和洞察力，能够优化流程，实现高增长率，处理海量的多样化信息资产。归根结底，大数据技术可以快速处理不同种类的数据，从中获得有价值的信息。

随着网络、传感器和服务器等硬件设施全面发展，大数据技术促使众多企业融合自身需求，产出更高的经济效益，实现巨大的社会价值。各行各业利用大数据产生极大的增值和效益，表现出前所未有的社会能力，而绝不仅是数据本身。所以，大数据可以定义为在合理时间内采集、处理大规模资料，帮助使用者更有效决策的社会过程。

当今，大数据是一种人们在大规模数据的基础上可以做到的事情，大数据是人们获得新的认知、创造新的价值的源泉；大数据还为改变各种关系服务。

2. 大数据的本质

从人类认识史可以发现，信息的认识史就是人类的认识进步史与实践发展史。人类历史上经历过四次信息革命。第一次是创造语言。语言是即时变换和传递信息的工具，人类通过语言建立相互关系，认识世界。语言表明人类要求表达、认识世界并开始作用于世界，通过语言产生思维，将事物的信息抽象表达为声音这个即时载体，但语言的限制无法突破个体的时空。第二次是创造文字以及随之而来的造纸与印刷技术。文字实现了人类远距离和跨时空的思想传递，人类因此扩大联合。文字虽然突破了时间及空间上的限制，但需要耗费太高的交流成本和传播成本。第三次是发明电信通信。电报、广播、电视实现了文字、声音和图像信息的远距离即时传递。电信通信为电子计算机与互联网创造奠定了基础。第四次是电子计算机与互联网的创造，是一次空前的伟大综合。

其特点是所有信息全部归结为数据，表达形式为数字形式，以 0 和 1 以及逻辑关系构成了全部世界。现代通信技术和电子计算机的有效结合，使信息的传递速度和处理速度得到了巨大的提升，人类掌握信息、利用信息的能力达到了空前的高度，人类社会进入了信息社会。在一定意义上，人类文明史是一部信息技术的发展史。

总之，大数据是指无法在短时间内通过常规软件工具和处理流程进行撷取、管理和处理分析的海量数据和信息。大数据需要全新处理模式，进行处理分析后才具有更强的决策力、洞察发现力和流程优化能力。实质上，大数据是一种高增长率和多样化的信息资产。大数据包含两个重要概念——海量数据和信息资产。

3. 大数据的发展动因

大数据的发展不仅要靠信息技术的不断创新，更离不开社会各领域的互相促进。社会需要是大数据技术发展的最大动力。大数据时代数据规模十分庞大，传统的信息技术不具备快速分析、高效处理数据的能力，难以有效分析和利用数据并获得价值。感知、采集数据，储存分析并加以商业化处理，推动大数据技术不断进步并成功实现应用是当前最迫切的工作。挖掘大数据的价值依靠全社会支持和推动。结合世界趋势，大数据技术研发与其社会应用成为发展的战略重点。

大数据的发展动因主要有科学技术的创新推力、个人生活的供给潜力、企业发展的利益拉力、社会服务的需求拉力等。

（二）大数据的特征

理解大数据的特征有助于对大数据和大数据时代的进一步认识。总体来说，大数据具有 4V 特征。

Volume——巨量。

Variety——数据类型和维度复杂，非结构性数据占主要比例。

Value——值密度低，时间间隔短。

Velocity——对信息获取和处理的时效性要求高。

同时，大数据具有系统性、协同性和动态性特点，海量数据的分类和快速处理，将在很大程度上弥补在科学预见性方面的决策短板。

大数据的特征体现在以下五个方面。

1. 体量巨大、种类繁多

互联网搜索的发展、电子商务交易平台的覆盖和微博等社交网站的兴起，产生了海量的数据内容。传感、存储和网络等计算机科学领域在不断前行，人们在不同领域采集到的数据量达到了前所未有的规模，网络可以实现同步实时收集大量数据，包括电子商务、传感器、智能手机、医疗领域的临床数据和科学研究等。

例如，基因组研究将 GB 级乃至 TB 级数据输送到数据库。由于非结构化数据的增长占到 85% 以上，数据总量的增速比结构化数据快大概几十倍。美国咨询公司麦肯锡从个体数据集的大体量定义大数据，指传统数据库软件工具难以采集、存储、分析管理的巨大的数据集。数据类型日益繁多，例如视频、文字、图片、符号等各种信息，发掘这些形态各不相同的数据流之间的相关性是大数据的最大优点。比如供水系统数据与交通状况比较可以发现清晨洗浴和早高峰的时间密切相关，电网运行数据和堵车时间、地点有相关性，交通事故率关联睡眠质量。

2. 开放公开、容易获得

采集大数据不是为了存储，而是为了进行分析。大数据是在社会生产生活过程中自动产生存储的。电信公司积累客户的电话沟通记录，电子商务网站整合消费者的各种信息，企业通过挖掘海量数据可以增强自身能力，改善运营服务，提供决策支持，发现企业发展的特殊规律，实现商业智能，为企业带来高额经济效益回报。

如今，依靠应用程序接口技术和爬虫采集技术，越来越多的商业组织和政府机构开始向社会各界和研究机构提供自身采集储存的各种海量数据，主动提供具有权威的开放数据源 data、gov 等开源数据。国内外大量组织收集微博上的海量信息，分析个人特征和属性标签，预测社会舆情、电影票房或者商业机会。开放公开容易获得的数据源成为大数据时代的基本特征，并产生了巨大的社会影响。

3. 重视社会预测

预测是大数据特征的本质体现。在大数据时代，预测行业未来成为企业追求的目标。美国 Netflix 公司推出《纸牌屋》，通过采集其 3000 万用户的播放动作，包括打开、暂停、快进、倒退等，分析其注册用户几百万次的评级与搜索，评价受众对不同电视电影节目的不同观点，从导演、演员、题材、情节、类型等各个方面解析公众欣赏节目的习惯，通过挖掘海量数据，来了解人们的喜好。该公司细致采集分析用户数据的行为改变了视频行业的制作方式，用计算方法和逻辑分析替代了以前的生产方式，通过大数据分析受众需求，制作的节目获得关注。人们极为关注大数据预知社会问题的应用功能，在社会科学领域大数据将发挥越来越巨大的作用。

4. 重视发现而非实证

实证研究强调建立理论假设，设定范围随机抽样，定量调查采集数据，收集相关数据，进而证伪或证实理论假设。大数据则重视数据，创造知识，预测前景，探索未知，关注现象，发现机遇。预见未来依靠大量的数据收集处理，不依赖理论假设发现知识，预知未来，洞察趋势，找到规律。例如，沃尔玛超市经过大数据技术分析海量交易数据，发现周末男人买婴儿尿布的同时会顺便买啤酒的独特现象。通常数据挖掘不做刻板假设，具有未知性，但结果有效且实用。大数据还重视全体忽略抽样。大数据是信息技术自动采集存储的海量数据，可以进行快速分析处理得到结果。随着存储设备成本不断下降，计算机工具效能日趋先进，数据处理能力得到了快速提升，数据挖掘算法持续加速改进，尤其是机器学习的神经网络建模技术使得抽样调查不再是唯一的方法。大数据理论上可以把握总体数据，更加重视整体的全部数据。

5. 非结构化数据的涌现

数据挖掘重视未知的有效信息和实用知识，越来越多的是非结构化数据，这成为大数据时代的突出特征。现在超过 90% 的数据都是非结构化数据。社交媒体随时产生的大量数据文本，使有价值的数据隐藏在海量信息中，大数据分析技术从大量文本中挖掘探析人们的态度和行为，呼应舆情监测的社会需求和企业的重大商机。面对非结构化的大数据采集处理，社会产生了新的需求，技术发生了新的变革，Hadoop 集群、No SQL 以及 Map Reduce 等非关系型数据库流行，IT 新技术不断涌现。大数据包括数据挖掘、网络挖掘、文本挖掘、机器学习和 NLP 自然语言处理等 IT 和商业智能信息技术和决策支持系统及其在社会科学领域的应用。

大数据更多关注的是用户行为、路径轨迹、群体趋势、事件关联性等，广泛应用于 CR1 管理、产品与服务设计、精细化营销、企业流程再造、运营成本控制、风险管理等领域。大数据将改变商业企业的营运模式，云计算则将改变数据处理模式。大数据与云计算二者相互依托、相互促进和共同发展。大数据、云计算为现代会计理论和实践的发展变革、审计思维的拓展和技术的创新，提供了更为科学的全新技术方法。

总之，信息时代和大数据时代的到来，对于会计发展而言既是挑战，也是机遇。大数据技术有助于实现企业经营和管理的信息化，促进会计数据的信息化和电子化，提升会计核算质量和会计管理水平，为企业的财务决策提供更好的依据。

（三）大数据的财务应用

1. 依靠大数据提升财务的风险管控能力

大数据在风险管控方面相对传统风险管理模式有更高的应用价值，这种价值体现在能够看见传统风险管理模式下所看不见的风险。在金融业务领域，已经有非常广泛的利用大数据进行风险管控的案例。设置规则来辅助进行直接、精准的风险拦截，这是人工智能更擅长的事情。利用大数据可以实现一些相对模糊但是有控制价值的风险发现，并进行财务风险分级。

在风险发现方面，大数据通过纳入非结构化数据并进行相关性分析，能够发现一些风险事件的可能特征，并根据这些特征进行潜在风险线索的事前预警或事后警示。在这种应用场景下，不需要大数据告诉我们谁一定有问题，只要提示谁可能有问题就足够了。而这种提示本身并不存在必然的因果关系，仅仅是大数据在进行相关性分析后的产物。

另一种应用是对各种风险事项的分级。这里的风险事项可能是一份报销单据，也可能是一次信用评价。只要分析对象需要进行风险分级，都可以考虑使用大数据技术来实现。分级后的风险事项能够采用不同程度的应对策略，从而做到高风险事项严格控制，低风险事项低成本应对处理。

2. 依靠大数据提升预算中的预测和资源配置能力

大数据可以在预测和资源配置两个方面发挥其自身优势，带来传统预算管理难以实现的应用价值。

首先是预测的提升。传统的财务预测主要是利用结构化数据，构建预测模型，对未来的财务结果进行预测。而使用大数据技术，预测的数据基础可以扩大到非结构化数据，市场上的新闻、事件、评论等都可以成为预算预测的数据基础。特别是在引入大数据后，预测模型中的假设很可能发生意想不到的变化，这使得预算预测具有更高的可用性。

其次是资源配置的优化。大数据的出现，能够让财务人员有可能形成一定的判断能力。如基于大数据能够形成相关产品市场热点、竞争对手的动态分析，将这些分析结果与业务部门进行印证，对于是否该继续加大产品投入或者是否该改变产品的设计方向都有可能形成不一样的判断和结论。

3. 依靠大数据提升经营分析的决策支持能力

经营分析的核心在于设定目标，进行管理目标的考核，并对考核结果展开深度分析，以帮助业务部门进一步优化经营行为，获得更好的绩效结果。在这样的一个循环中，数据贯穿其中并发挥着重要的价值。

传统的经营分析模式面临数据量不足、依赖结构化数据、关注因果关系等问题。大数据技术有助于提高经营分析的决策支持能力。

在传统经营分析模式下主要是通过分析自身历史数据、行业数据以及竞争对手数据，再结合自身战略来设定目标的。因此，目标是否合理在很大程度上依赖于参照系数据的可用性。大数据能够帮助企业更好地认清自身情况，更加客观地看清行业情况和竞争态势。大数据将整个社会、商业环境都转化为企业的竞情分析基础。在这种情况下，目标的设定将更为客观、合理。

在事后对目标达成情况的解读上，和传统经营分析模式相比，大数据基于其对相关性而不止于因果关系的挖掘，能够找到更多靠传统财务思维无法解读到的目标结果相关动因。而针对这些新发现的动因的管理，有可能帮助业务部门获得更加有效的决策建议。

三、云计算

（一）云计算的立体架构

1. 云计算的含义

云计算是一种按使用量付费的模式，这种模式提供可用的、便捷的、按需的网络访问，进入可配置的计算资源共享池（资源包括网络、服务器、存储、应用软件、服务）。这些资源能够被快速提供，只需投入很少的管理工作，或与服务供应商进行很少的交互。

2. 财务和云计算的关系

（1）IaaS 和财务。IaaS，Infrastructure-as-a-Service（基础设施即服务）。如果只使用 IaaS 的云计算模式，那么在前台的财务人员是感受不到的。因为这是一个物理架构的概念，可能使用的还是和原先本地部署的软件系统一样的系统服务，只是这些软件系统并不是部署在企业独有的服务器上，而是放在如阿里云或腾讯云之类的公共基础设施平台上。这种模式可以有效地降低企业硬件的投入成本，而由于硬件是一种云集群的模式，在这个集群里的系统可以被均衡使用，这就有可能进一步提升系统性能。

（2）PaaS 和财务。PaaS，Platform-as-a-Service（平台即服务）。如果使用的是 PaaS 模式，财务人员同样感受不到什么，但开发人员就不一样了，因为使用的不再是开发工具和公司内部的数据库，而是在一个租用的云端开发平台上。这件事情并不难理解，如果在阿里云上注册了一个账号，那么就能够看到阿里云中可以付费使用的开发工具，甚至可以部署机器学习的开发环境。这种模式对于规模不大的企业来说，特别是没有资金搭建大型复杂开发环境的公司，使用平台的成本就低多了，而且还能随时使用最新的平台技术。在 PaaS 模式下，开发平台成为即租即用的服务。

（3）SaaS 和财务。SaaS，Software-as-a-Service（软件即服务）。与财务人员最密切相

关的是 SaaS 模式。“软件即服务”是直译过来的说法，通俗点说，就是财务的应用系统并没有建在企业里，而是放在互联网上的云平台中。用户访问财务系统，就如同访问百度网页一样，从公司内部穿透到互联网上的某个系统里。而特别要注意的是，这个互联网上的财务系统并不是独享的，很多企业共用这个财务系统，只是在权限和数据上做了隔离。

（二）财务实现与云计算的场景融合

对于企业财务来说，要实现云计算在财务中的应用就需要挖掘相关的应用场景。可以看到三种场景的应用，包括采用 IaaS 模式构建财务系统架构、使用基于 SaaS 模式的财务应用系统和以 SaaS 模式提供对外服务，以下具体探讨如何实现这些场景的融合。

1. 财务系统架构于 IaaS 模式

在大型企业中，如果使用本地部署模式来构建信息系统架构，会使得 IT 架构越来越“重”，信息化成本逐年提升，从基础架构到开发、维护，每个环节都有大量的成本投入。而财务本身作为这些系统的重要业务应用者，是这些成本的直接承担者，并最终会通过定价收费或者分摊的方式将这些成本再进一步转嫁给服务对象。而在服务对象对收费越来越敏感的今天，控制成本、降低定价成为很多企业财务共同的压力。

将财务系统架构于 IaaS 模式之上，能够以较低的成本来实现基础架构的部署，以“轻”IT 的方式来实现财务信息系统的建设。

2. 使用基于 SaaS 模式的财务应用系统

SaaS 是在云计算中最容易被理解也最常被应用的一种模式，财务人员更是 SaaS 模式的直接使用者。在这种模式下，并不构建企业内的独有财务信息系统，而是选择租用第三方云服务产品。这种第三方产品的提供商需要对财务业务流程有深刻的理解，能够在产品设计时充分考虑到不同企业的差异化需求，并通过灵活的后台管理功能来实现快速配置部署。企业财务选择此类云服务产品的前提是，企业在整体的信息化战略和信息安全评估上能够通过。

3. 以 SaaS 模式提供对外服务

以 SaaS 模式提供对外服务有两种形态。

一种形态是将自身的管理经营积累转换为系统产品，并将产品面向社会提供服务输出。在这种情况下，输出方可以考虑采用 SaaS 的方式架构自身的产品，让用户通过租用的方式来使用产品，从而获得输出方所积累的管理经验。

另一种形态是财务共享服务中心对外输出，也可以简单理解为财务外包。在这种情况下，所提供的是基于 HRaaS 模式的对外服务。

云服务产品的开发本身是一个高复杂性和高成本的事项。由于云服务系统需要满足用户的差异化需求，对其产品设计的可配置性和灵活性要求都是极高的。同时，云服务产品还需要满足多操作平台、多浏览器兼容的需求，如果涉及移动端，对差异化移动平台的兼容则更加复杂。这些都会带来产品研发的高成本投入。

企业财务在考虑使用云计算提供 SaaS 模式系统服务的时候，需要考虑未来自身规模和发展能力，如果无法在经营上取得很好的投入产出结果，则应当慎重投资云服务产品。

四、区块链

（一）区块链的概念

1. 区块链的定义

狭义来讲，区块链是按照时间顺序将数据区块以顺序相连的方式组合成的一种链式数据结构，并以密码学方式保证的不可篡改和不可伪造的分布式账本。

广义来讲，区块链技术是利用块链式数据结构来验证与存储数据、利用分布式节点共识算法来生成和更新数据、利用密码学的方式保证数据传输和访问的安全、利用由自动化脚本代码组成的智能合约来编程和操作数据的一种全新的分布式基础架构与计算方式。

2. 基础架构模型

区块链系统由数据层、网络层、共识层、激励层、合约层和应用层组成。数据层封装了底层数据区块以及相关的数据加密和时间戳等技术；网络层包括分布式组网机制、数据传播机制和数据验证机制等；共识层主要封装网络节点的各类共识算法；激励层将经济因素集成到区块链技术体系中，主要包括经济激励的发行机制和分配机制等；合约层主要封装各类脚本、算法和智能合约，是区块链可编程特性的基础；应用层则封装了区块链的各种应用场景和案例。

该模型中，基于时间戳的链式区块结构、分布式节点的共识机制、基于共识机制的经济激励和灵活可编程的智能合约是区块链技术最具代表性的创新点。

（二）区块链与财务管理

1. 跨境清结算

从国内的清结算交易来看，清结算面临的问题并不严重，反而是在跨境清结算交易的过程中面临较大的压力。在跨境付款过程中，非常重要甚至可以说绕不开的是 SWIFT 组织。它通过一套基于 SWIFT Code 的代码体系，将各个国家的银行构建为网络，并实现跨境的转账支付交易。对于这套体系来说，高昂的手续费和漫长的转账周期是其极大的痛点。而对于在整个交易过程中处于中心地位的 SWIFT 来说，改变自身的动力并不强。但区块链技术的出现为打破这种基于中心组织的清结算体制带来了可能。去中心化的区块链交易使得全球用户有可能基于更低的费用，以更快的速度完成跨境转账。

2. 智能合约

智能合约同样是一个涉及双方甚至多方信任的场景。当然，从单纯的合约概念来说，它并不是一个财务概念，而是企业之间进行商贸活动的契约。但是在区块链技术的支持下，合约的可信度得到很大的提升，并且基于电子数据完成合约的签订和承载后，合约背后的财务执行就可以更多地考虑自动化处理。“智能合约”的概念，为“一个智能合约是一套以数字形式定义的承诺，包括合约参与方可以在上面执行这些承诺的协议”。智能合约所有的触发条件都是可以用计算机代码编译的，当条件被触发时，合约由系统而非一个中介组织来自动执行。

在没有区块链的时候，智能合约依赖的中心系统难以得到合约双方的认可，而区块链的出现，使得这一同步于互联网提出的设想成为可能。而基于智能合约自动触发的财务结算、会计核算等处理都将极大地简化财务处理，并有力地支持智能财务的实现。

3. 关联交易

在财务领域，关联交易的处理一直是困扰财务人员的一个难题。由于关联交易各方的账簿都是由各自的属主管理的，这就导致关联交易发生后各方账簿进行记账和核对的工作异常复杂。与有一个中心的账簿不同，在关联交易模式下没有中心，也没有区块链下可靠的安全记账机制，这就使得很多时候关联交易的核对出现问题。一些大型企业也试图解决这样的问题，但在区块链出现之前，探索方向是试图构建一个中心，让所有的关联交易方在这个中心完成交易登记，从而实现类似银行清结算的对账机制。而区块链的出现，可以探索另一条道路，通过区块链的去中心化特征和其可靠的安全机制来实现新的关联交易管理模式。

4. 业财一致性

另一个和关联交易有些类似的场景是长期困扰的业财一致性问题。如果说关联交易是法人与法人之间的交易，那么业财一致性要解决的就是业务账与财务账之间的关系。相比来说，构建一套业财区块链账簿体系更加复杂。由于在企业中各个业务系统在建设的时候往往都是以满足业务发展为基本出发点的，这就使得多数的业务系统根本没有考虑对财务核算的影响，也正是这一点导致当下不少大型企业中业财一致性成为难点。如果使用区块链技术来解决这一问题，就需要在业务系统和财务系统底层构建一套分布式账簿，并由此取代现在的业财会计引擎的模式。从将业务数据自行记录传输至会计引擎转换为会计分录进行记账的模式，转变为业务和财务双方平行账簿记账的模式。业务和财务都同步保留业务账和财务账，从根本上实现业财一致。当然，这个过程可能会造成海量的数据冗余，且技术实现也更为复杂。

5. 社会账簿和审计

如果整个社会的商业行为完全基于区块链展开，那么对于财务来说，就不会再是每个企业自行记账的模式了。每个企业都是区块链上的一个节点，企业与企业之间所发生的所有交易都通过区块链进行多账簿的链式记账，这就很难出现假账。而同时，高可靠性的全社会交易记载，也会给税务、财政等监管模式带来极大的影响，很可能发票也失去了其存在的价值。监管审计、第三方审计都可能失去其存在的必要性。

第二节　信息技术对会计的影响

信息技术正对传统会计理论、实务、教育和管理产生巨大的冲击，这种冲击将引起传统会计的巨大变革。

一、信息技术对会计环境和会计理论的影响

（一）信息技术对会计环境的影响

会计的产生和发展与它所处的环境有着密切的关系。会计环境是指对会计理论与实务的存在发展产生重大影响与依赖（包括直接的和间接的）的客观条件和状况，如经济环境、科技环境、文化环境、法律环境和国际环境等。信息技术对会计环境的影响，主要体现在以下四个方面。

1. 会计学向边缘学科发展

在 IT 环境下，会计学作为一门独立的学科将逐步向边缘学科转化。会计学管理学的分支，其内容不断扩大、延伸，独立性相应地缩小，与其他经济管理学科相互依赖、相互渗透、相互支持、相互制约。

2. 人们对会计信息的处理能力以及会计信息的质量要求大大提高

计算机技术、网络技术、软件开发技术和通信技术的高速发展，使原来许多难以处理的会计问题可以轻易解决，极大地提高了会计信息处理的能力。与此相对应，人们对会计信息的质量要求也日益提高，会计信息使用者要求实现会计信息的及时性、相关性、预测性，要求会计信息的共享化、个性化、数据库化，反映形式的多样化。

3. 会计信息系统成为企业整体资源管理的一个不可分割的子系统

传统模式下的会计信息系统被用于特定职能部门（如销售、生产等）的管理工作，而不可能为跨越几个职能部门的业务过程提供整体性视图，造成了在多个系统中数据被重复存储和数据不一致的问题。当业务事件发生时，信息技术环境下的会计信息系统中，所有原始数据都被适当加工成标准编码的源数据，集成于一个逻辑数据库（或数据仓库），任何授权用户都可以通过数据库所存储的数据来定义、获取所需的有用信息。这样，会计信息系统在一个整合、开放的环境下，与企业内外部系统实现了信息同步交流和信息共享，提高了信息的使用价值。

4. 会计国际化进程加快

信息技术缩短了国与国之间的距离，加速了经济全球化的进程。人们可以通过网络交流各种信息，从事商务活动，进行远距离指挥与控制，使大范围地组织跨国跨洲的投资、贸易、金融、保险业务成为可能。随着各国经济交往的日益频繁，国际上协调会计准则也是今后的必然趋势。

（二）信息技术对会计理论的影响

信息技术的应用对会计理论产生了深刻的影响。

1. 信息技术对会计目标的影响

会计目标是会计理论体系的基础，会计目标主要体现在向谁提供信息，应该提供哪方面的信息或提供哪些信息等问题。传统会计把会计信息的使用者作为一个整体，提供通用的会计报表来满足他们对信息的需求。在网络经济时代，会计信息的需求者与会计信息的提供者可以利用网络实时双向交流。如会计在了解了企业管理层的决策模型之后，可以针对其需要，向其提供专门的财务报告和相关信息。因此，利用信息技术，会计能够提供适用于不同决策模型的含有不同内容的专用财务报告。

2. 信息技术对会计假设的影响

传统会计假设与工业经济时代的会计环境相适应。随着信息技术的发展，会计所面临的环境发生重大变化，使会计假设从根本上发生了变化。

（1）对会计主体假设的影响。信息技术的发展使经济组织的结构和功能都具有较强的变动性。企业可以由多家独立公司通过信息技术进行联合和重组，形成一种临时性结盟组织即虚拟公司，达到共享技术、共摊费用以满足市场需求的目的。虚拟公司的出现，突破了以往的空间概念，极大地改变了会计主体的存在方式。组成公司的各独立企业借助计算机网络迅速分组，随时根据实际需要增加或减少组合方。也就是说，虚拟公司作为会计主体，可能时而膨胀，时而缩小，还可能立即解散。虚拟公司使会计主体具有可变性，使会计核算空间处于一种模糊状态。虚拟经济是对传统会计主体假设的一个有力挑战。

（2）对持续经营假设和会计分期假设的影响。持续经营和会计分期是从时间的角度对会计活动做出的假设性规定。前者假设会计主体在可预见的将来不会破产解体，后者在此基础上出于核算和报告的需要，将企业的生产经营活动人为地划分为各个会计期间。但是这两点对于虚拟公司都无意义。虚拟公司随着市场机遇而产生，市场的瞬息万变决定了虚拟公司的不稳定性，它的存续时间可能很短，甚至只存在几分钟即宣告解散。在这种情况下，既谈不上持续经营，也谈不上会计分期。另外，由于激烈的市场竞争，会计信息使用者要求企业随时提供会计信息，以满足其决策的需要。而实际上，随着信息技术的高度发展，企业有可能即时生成会计信息，提供满足不同需要的实时财务报告。这样，传统会计分期假设同样不再适用。所以，随着信息技术的日益发达，我们应赋予持续经营和会计分期新的内涵，更多地从动态上对其进行把握。所谓动态，就是要适应不同使用者对信息“充分性”的需求，在纵向上既可提供实时的、预测性的信息，又可提供过时的、历史的信息；在横向上既能提供最底层的原始数据，又可以提供高度浓缩后的信息。

（3）对货币计量假设的影响。在网络经济时代，货币计量走向一个多重计量的模式，会计对象和会计确认的范围由资金运动向非资金运动领域拓展，货币和非货币计量单位都可以并且应该作为会计计量的单位；同时在计量属性方面，公允价值的地位将更加突出，对币值不变假设造成很大冲击；另外，网上银行的兴起，电子货币出现，使货币逐渐成为观念的产物。

3. 信息技术对会计原则的影响

（1）权责发生制原则。权责发生制原则是针对收入、费用等会计要素确认时间而产生的一项原则。它主要是为解决如何对会计要素进行跨期确认、分配的问题。由于虚拟公司存续时间短，往往只有一个会计期间即交易期间。公司收支均在同一交易期间内完成，不存在会计要素跨期分配的问题。显然此时权责发生制已失去其基础，采用收付实现制则比较合理——以现金的收入或付出作为收入实现和费用发生的基础，从而更好地反映虚拟公司的现金流量。

（2）历史成本计价原则。历史成本计价原则要求以历史成本来计量企业的资产价值，但信息技术条件下的虚拟公司作为一个临时性的组织，其所有会计要素均来自各个组合方，没有有形的办公场所、固定资产、雇员等，仅仅作为一个抽象的联合体而存在。由于其存续时间短，否定了持续经营假设，使历史成本计价原则失去存在的价值，因此以公允价值作为计价基础，提供准确的会计信息。

（3）及时性原则。信息技术的快速发展，使得当业务事项发生时，会计信息系统可以通过网络技术、通信技术、计算机技术直接采集有关数据信息，实现会计和业务一体化处理。这样会计核算就从事后的静态核算转为事中的动态核算。凭借计算机的强大处理能力和网络的传输能力，信息使用者可以自主查询所需的会计信息。这种实时化的连续性报告，极大地丰富了会计信息的内容，提高了会计信息的质量和价值。

（4）重要性原则。重要性原则要求企业的会计核算应当遵循重要性原则的要求，在会计核算过程中对交易和事项应当区别其重要程度，采用不同的核算方法。重要性原则是针对传统手工会计条件下，会计人员处理会计信息能力有限而提出来的，它的直接目的是要求会计信息的收益大于会计信息成本。信息技术的发展使会计人员从繁重的账务处理中解脱出来，会计人员有能力把会计信息的成本降低到可以承受的范围之内，所以信息技术条件下重要性原则应当予以淡化。

4. 信息技术对会计要素的影响

传统财务会计把会计要素划分成反映财务状况的会计要素（资产、负债、所有者权益）和反映经营成果的会计要素（收入、费用、利润）。随着信息技术的发展和应用，数据处理的速度越来越快，会计要素的划分可以更加细密和具有层次，以便更加准确地反映企业资金的运动状况。

5. 信息技术对会计职能的影响

反映与监督作为会计的两大基本职能沿袭至今，其重要性毋庸置疑，但在信息技术环境下，会计职能也有日益扩展之势。由于更多的信息子系统参与到企业管理的应用中，会计的扩展职能得到有效的分配，使得信息的收集与利用更为合理，大大降低了信息生产的成本，提高了信息利用的效率，而且信息技术环境为会计管理职能的实现提供了主要的技术支持。

传统会计核算的结果及过程中的信息，仅为原会计信息系统的输出服务，而原会计信息系统的输出设计根本未考虑会计现有的扩展职能。显然，会计若仍以原会计核算的信息作为基础，会计部门根本无法完成会计的扩展职能。此时，会计信息系统需要更多的、更全面的数据输入以满足扩展职能对信息的要求，与此同时，对这些输入数据进行相应处理后，应对相关业务环节及时反馈，以使这些信息在有效期内发挥应有的作用。依靠目前强大的信息化手段以及人们对会计重要性的认识越来越深，预测、决策、控制、分析作为会计的扩展职能被逐渐应用于实践。

可见，会计扩展职能的发挥需要全面及时的信息收集与反馈手段，肯定要通过高度信息化手段加以解决。同时会计人员将越来越多地参与企业管理与决策，信息技术的产生将对会计职能产生重大影响，而这种影响将随着信息化进程得到加强。

总之，在网络环境下的计算机信息处理环境，由于信息采集和处理的实时性、自动化性、多元性，会计人员摆脱了繁杂的事务性工作，更多地转向非事务性的管理工作。会计人员将有更多的时间参与业务流程的优化、组织结构的调整、计量/约束/激励机制的建立，分析组织的业务活动和用户的信息需求，由会计信息系统（作为信息系统有机组成部分之一）按照拟定的程序进行处理，并将结果传递给相应的用户，等待用户的反馈。这一反馈又继续体现出信息用户的需要。如此周而复始，会计工作的管理职能将真正得以实现。

二、信息技术对会计实务和会计人员的影响

（一）信息技术对会计实务的影响

信息技术的应用对会计工作实务也产生了深远的影响。

1. 对会计组织机构设置的影响

在信息技术环境下，由于业务过程和会计过程的重组和整合，会计人员的会计工作将更多地与其他业务工作相融合，并参与到信息技术的统一环境下的综合管理中。因此，财务部门作为一个独立的组织机构的规模将逐步缩小，会计岗位设置必须调整，更多的会计人员将成为各业务部门和企业综合管理部门的成员，为加强业务过程的财务管理和监督提供会计服务。

2. 对会计内部控制制度的影响

信息技术环境下的会计信息系统是一个开放的系统，不同的会计信息使用者将根据授权调阅会计信息。如何建立严密的内部控制制度，保证会计信息的安全与完整，是信息技术环境下会计信息系统面临的一大难题。目前主要是从制度与技术两方面来建立安全机制。制度上主要是数据的存取控制，加强数据的输入、输出、调用管理。技术上目前主要采用防火墙、数据加密、访问权限控制等技术。

3. 对会计数据采集的影响

面向供应链的管理理念与信息技术相结合，改变了传统会计数据的“采集—核算—披露”流程的处理方式。所谓供应链管理是指通过加强供应链中各活动和各实体间的信息交流与协调，增大物流和资金流的流量和流速，使其畅通并保持供需平衡。企业内部网（Intranet）通过防火墙，一方面使企业与未授权的外部访问者隔离，另一方面允许内部授权的活动延伸到企业外部，与关联企业如供应商、经销商、客户和银行之间形成范围更广的网络应用系统，人们称之为企业外部网（Extranet）。在这种情况下，不仅是企业内部，即使外部的经济活动发生端的数据采集，也不再需要大量的财会人员根据原始凭证录入，

而是系统的实时处理功能使数据的采集伴随网上交易、结算活动及物资与价值的流动同时完成，实现会计数据的实时采集。

4. 对财务报告的影响

当前的财务报告有许多局限，无法反映非货币化会计信息，无法反映企业发生的特殊经济业务，如某些管理咨询信息或财务报告分析信息、财务预测信息、有关企业未来经营成败的因素、企业在近期所面临的营业或行业风险、衍生金融工具等；受客观条件的限制，传统财务报告其格式基本统一，很少考虑不同财务报告使用者的需求。在信息技术环境下的“在线财务报告”会突破上述局限，拓展信息披露的范围，不仅提供财务信息，还会提供非财务信息；信息技术的发展，使会计信息数据库化，能够提供“按需财务报告”模式，会计人员可以从会计信息数据库中提取不同明细程度的数据，从而为会计报表使用者提供不同格式、不同反映形式的个性化财务报告。

（二）信息技术对会计人员素质要求的影响

在信息技术环境下，企业会计人员的素质、所扮演的角色、工作重点和工作价值将发生巨大的变革。首先，信息技术的应用彻底改变了会计工作的处理工具和手段。由于大量的会计核算工作实现自动化，会计人员的工作重点将从事中记账算账、事后报账转向事先预测、规划，事中控制、监督，事后分析、决策的一种全新的管理模式。其次，在信息技术环境下，会计人员不仅要承担企业内部管理员的职责，随着外部客户对会计信息需求的增长，会计人员应及时向外传递会计信息，为供应商、债权人、投资者、政府管理部门等提供职业化的咨询服务。

由于信息技术环境下会计职能的变化以及会计信息采集、处理的实时性和自动化，使会计人员摆脱了繁杂的事务性工作，而能把工作重点更多地转向非事务性的管理工作。会计人员有更多的时间和精力分析企业的业务活动和用户的信息需求，据此制定有关的信息记录、存储、维护和报告的规则等。因此，会计的管理职能得以真正实现，会计人员角色也将发生变化。信息技术环境无论是对会计人员的素质需求还是对会计人员的角色都提出了新的要求。

1. 信息技术对会计人员素质的需求

（1）应熟悉和掌握信息技术规则以及会计管理理论。在信息技术环境下，会计人员可以通过内联网、外联网和互联网按事先制定的业务活动规则和权限来控制采购、仓储、生产和销售等环节财会数据的实时采集。此时，客观上就要求会计人员能够准确地分析数据、提出科学的分析结论和决策方案，将工作重心转移到对会计数据管理监控、分析和财务决策上来。

为了使会计人员能科学使用会计信息，一个重要的前提是未来的会计人员不仅要具有会计、管理和决策方面的知识，还应具有利用信息技术完成对信息系统及其资源的分析和评价的能力。

（2）适应会计信息化需求的应变能力、随着管理理念和信息技术的不断发展，会计信息系统也应不断地在发展中实现它自身的动态变革。与信息技术人员不同，会计人员适应会计信息化需求的应变能力重点表现在以下三点：①根据会计信息化和会计管理变革的新需求，提出对会计控制规则和会计信息规则变革的新需求。②制定各种业务活动、会计控制和会计信息的规则，协助信息技术人员正确理解和描述相关规则。③在信息技术人员完成规则变革的信息设计后，会计人员对会计信息系统的新功能进行验收评测。

2. 信息技术对会计人员角色的要求

第一，信息技术的发展应用，彻底改变了会计工作者的处理工具和手段。由于大量的核算工作实现了自动化，会计人员的工作重点将从事中记账算账、事后报账转向事先预测、规划，事中控制、监督，事后分析、决策。

第二，信息技术的发展应用，会计人员不仅要承担企业内部管理员的职责，随着外部客户对会计信息需求的增长，会计人员应及时地向外传递会计信息，为社会、债权人、投资者、供应商和客户、兄弟企业、政府管理部门等披露会计信息，提供职业化的会计咨询服务。

第三，信息技术的发展应用，会计人员不再仅仅是客观地记录和反映会计信息，而且应使会计信息增值并创造更高的效能。他们可以参与企业战略和计划的辅助决策，将注意力更多地集中到分析工作而不只是提供会计数据，使会计人员的作用更多地体现在会计控制与分析方面。

总之，未来的会计人员不仅要具有管理和决策方面的知识，还应具有利用信息技术完成对信息系统及其资源的分析和评价的能力。迅猛发展的信息技术正在把会计的方方面面推向一个新的时代，变革意味着会计仍将是一个充满生机的行业。面对即将到来的种种机遇，我们不应只是被动地接受或继承，而应积极主动地做好迎接未来挑战的准备。

第三节　会计信息化与企业信息化

信息时代的核心技术正以它的神奇力量改变着企业的生存模式，电子商务、远程办公、虚拟企业和虚拟组织的产生引起企业生产经营运作方式的变革，从而导致企业管理模式、信息交流方式和企业文化的变化，引起全新的企业经营革命。

作为社会经济活动最基本的经济单元，企业是国民经济的基础。推进企业信息化，对于提高企业核心竞争力有着重要的意义，而企业信息化的发展对会计信息化模式也产生了重大的影响。如何建立适合企业信息化发展的会计信息系统将是企业信息化建设的核心内容。本节将就企业信息化和会计信息化的基本理论、重点问题以及国内会计信息化现状与问题进行深入的研究。

一、企业信息化

信息化是当今世界社会发展的必然趋势，是工业经济向信息经济、工业社会向信息社会演变的动态过程。信息化设计的社会层面很多，企业信息化是信息化中的重要内容之一。

（一）企业信息化的内容

1. 企业信息化的概念

企业信息化涉及许多相关学科，经济学家、管理学家、企业家和政府官员都从不同角度对企业信息化的概念进行过概括，提出了各种不同的定义。

根据中国企业经营管理的现实情况，企业信息化是指企业利用现代信息技术，通过对信息资源的深入开发和广泛利用，不断提高企业生产、经营、管理、决策的效率和水平，进而提高企业经济效益和企业市场竞争力的过程。

2. 企业信息化的发展阶段

（1）企业信息化的第一阶段。从 20 世纪 50 年代开始，由于计算技术的突破和发展、工业化国家经济发展及企业竞争的需要，以计算技术为基础的各种企业信息技术应用系统应运而生，如早期的计算机辅助设计（CAD）、管理信息系统（MIS）、库存订货计划（MRP）等。

（2）企业信息化的第二阶段。随着后工业化时代的到来，市场竞争对产品的开发与制造的要求是品种多、变化快、成本低、质量好；相应的生产方式则在规模化的基础上要求自动化、灵巧化、柔性化。这进一步推动了对信息技术和信息资源的利用和开发。从 20 世纪 70 年代开始到 80 年代末，产生了包括技术信息系统、制造自动化系统、管理信息系统、质量信息系统在内的全面生产作业管理信息化系统（CIMS）和企业制造资源计划（MRP-U）。

（3）企业信息化的第三阶段。随着网络技术、通信技术的飞快发展以及经济全球化的加速，信息资源的重要性日益突出，企业已不满足单纯信息设备和技术的应用，更迫切要求对信息资源的整合开发和广泛利用。20 世纪 90 年代至今，产生了企业资源计划（ERP）

以及利用内外联网的客户关系管理（CRM）、供应链管理（SCM）。此外，电子商务也开始迅速介入经济社会。

3. 企业信息化的特征

企业信息化的特征具体表现在以下五个方面。

（1）以信息技术为基础。信息化从某种角度说，就是信息技术的广泛应用过程。企业信息化也是如此，而且正是企业信息技术的不断发展，引起了企业信息化的不断深入。随着科学技术和经济的不断发展，企业信息化也将不断发展与完善，信息技术是企业信息化的基础。

（2）以信息资源开发为核心。信息资源是企业最重要的资源之一，开发信息资源既是企业信息化的出发点，又是企业信息化的归宿，在企业信息化体系中处于核心地位。随着信息化的深入，在传统的三大资源——土地、资本、劳动力的基础上，信息将成为企业的第四大战略资源，并且作为生产要素，其重要程度将日益增大，并引起企业生产经营、组织机构、企业文化等方面一系列的变革。

（3）信息化覆盖企业经营活动的所有方面。很多人认为，信息化就是使用计算机连接互联网。其实，这种认识是很片面的。的确，企业信息化是要使用计算机和互联网，但是，信息化作为一种时代进步的推动力，早已突破了计算机科学和技术的范畴，涵盖了企业生产经营活动的各个方面和全部过程。以制造企业为例，企业信息化的内容主要包括：生产过程信息化、流通过程信息化、管理决策信息化和组织结构信息化。

（4）信息化的目的是增强企业竞争力。市场经济条件下企业只有具有市场竞争、需求拉动的外在压力和追求卓越、利润驱动的内在动力，才会有使用先进技术的迫切要求。尽管企业信息化需要在信息技术方面投入巨资，还必须忍受组织结构转变的阵痛，而且可能存在失败的风险，但是一旦成功就能够给企业带来巨大的经济效益。

因此，企业信息化的根本动力是生产力的巨大飞跃，企业实施信息化的目的就在于增强企业核心竞争力，提高企业经济效益。信息技术对企业生产、管理和组织结构等具有很强的渗透力，通过形成差异产品或服务、改变竞争方式、扩大竞争领域、减少交易成本、促进产品和技术创新、提高管理效率、增强抗风险能力七个方面，可以大大提高企业竞争力。特别是对于国有企业，通过实施信息化可以有效地降低成本、提高效率、减少信息不对称、改变经营观念、激发人员积极性，从而大大提高国有企业的竞争力。

（5）信息化是一个过程。企业信息化不是一朝一夕就能够完成的，特别是对于传统企业而言。信息技术起初的作用是战术层面的，但随着它向企业经营各个环节的渗透，将会逐渐产生战略性的影响，从作为自动化的工具和信息沟通的手段，到决策支持直至促使企业运作模式和组织结构的变化，这可能是一个相当漫长的过程。

企业信息化发展的速度取决于两个因素：一是随着企业业务的发展而发展，而信息系统的发展、企业信息化水平的提高反过来又促进企业业务的发展，这样就会形成一个良性的循环；二是随着员工对数字化工具使用的水平提高而提高，企业应该把信息化工具的使用变成员工的成就感和舒适感。

由此可见，企业信息化是一个复杂的、综合性很强的概念，它涉及企业生产、经营、管理、营销、组织结构、企业文化等各个方面，需要从企业发展战略的高度给予高度的重视。同时，企业信息化也是一个新生事物，没有多少经验可以借鉴，需要在实践中不断总结经验教训。

4. 企业信息化的内容

企业信息化覆盖企业经营活动的全过程，不同类型、不同性质的企业，其信息化建设所包含的内容也不一样。以制造企业为例，企业信息化的内容主要包括：生产过程信息化、流通过程信息化、管理决策信息化和组织结构信息化。

（1）生产过程信息化。即形成以产品创新为核心、技术创新为动力的企业自动化生产信息运作系统，使生产要素的资源信息化、数字化，实现物质生产过程的优化和生产要素的高效利用集成，具体体现在以下三个方面。

一是产品设计自动化，即采用现代设计技术，如计算机辅助设计（CAD）技术，在收集有关产品市场需求信息、产品品种质量信息及有关图案、有关技术指数信息的情况下，采用自动化的信息处理、制图设计方式进行产品设计，以提高设计效率和效果，加速原产品的不断改进和新产品设计、研制、开发。

二是生产过程自动化，即企业在进行生产的过程中，全部生产环节用计算机、智能仪表进行监控、处理，整个生产工艺技术操作采用自动控制、调节，各生产环节自动衔接，原材料、能源按程序自动供调，生产中出现的漏洞自动处理，实现整个生产流程自动优化运作，以使产品按预定生产量和质量要求通过自动化调节达标，并使生产水平不断提高。

三是设备智能化。要使用数字仪表和微处理器，以使各类生产设备具有按生产目标要求进行自动化生产的功能。对新设备如此，对老设备也可通过安装上述设施，使其具有智能手段，能够生产低耗、高质的产品。

（2）流通过程信息化。即建设企业适应外部经济、市场变化的可迅速、灵敏反映企业营销信息化的系统，形成以市场应用为核心、市场创新为动力，企业内部与外部市场相沟通的企业市场信息体系，以利用信息技术和信息资源不断为企业创造更多的贸易机会，具体体现在以下三个方面。一是按照企业在生产过程中对原材料、能源供应品种、数量和质量的要求，建立原材料、能源信息采集系统和采购信息通道，以形成及时收集、处理、反馈原材料市场变化信息，保证原材料、能源供应渠道畅通，使采购工作有效进行的网络体系。二是按照企业生产的产品及时进入市场快速销出，以及时实现自身价值的需要，建立本企业产品的广告、销售信息系统和产品市场分析系统，形成及时向外传播本企业产品市场销售信息及相关市场信息，保证产品销售渠道畅通和销售工作有效进行的网络体系。因为产品销售是企业营销工作的核心，要把企业产品销售网络体系作为企业流通信息系统的主干网。三是建立本企业产品售后服务和有关技术服务信息网络，用以及时收集用户对本企业产品质量、性能及有关服务、技术保障情况的反馈信息，保证产品售后服务及有关技术服务及时、有效进行，并为产品更新、新产品开发提供条件和依据。

（3）管理决策信息化。企业管理工作包括计划、组织、指挥、协调、可控制五项功能。管理信息化彻底改善企业管理费时费力的现象，提高管理效率。通过建立企业管理信息系统（MIS），在获取充分信息的基础上制订更科学、更合理的计划，并且随环境的变化随时加以修正。组织职能的执行也和信息化之前大不一样，由于组织结构的弹性化趋势，组织职能也随之适应这一变化，出现专门的信息部门。指挥路线不再是自上而下的单向指挥，而是自上而下和自下而上的双向指挥，指挥的效果得到及时的反馈，各部门之间的交流更加快捷、直接。控制职能特别是事前控制发挥更大的作用，各种误差得到及时的反馈和纠正。在企业信息化过程中，管理信息化覆盖企业管理的各个方面，具体体现在以下三个方面。

一是形成贯穿供、产、存、销的生产经营全过程的信息化管理。其中包括市场分析、计划安排、产品设计、原材料采购、能源供应、工艺操作、生产流程控制、全面质量管理、设备管理、物资储备、产品库存、产品销售、售后服务等方面的信息化系统管理。这种以市场需求驱动生产、服务的信息化经营方式，改变了以往从设计到生产，再到销售的技术驱动经营方式。

二是形成对人、财、物、技术等生产要素的分别管理。对人、财、物、技术等生产要素分别施行管理，并使之相互紧密结合、有效发挥作用的全方位的信息化管理，对人流、物流、财流和技术流程交互衔接运作的信息化系统管理。其中包括成本核算、物耗能耗管理、财务收支管理、劳动工资、收益分配、人力资源开发、劳动纪律、技术开发等方面的信息化管理系统。这要求改变以往那种封闭的、强制的、分而治之的、以纵向层级组织为主体的信息流程，代之以开放的、民主的、组合分工和大跨度管理的、以横向组织为主体的信息化运作。

三是形成辅助决策进行、支持决策实施的信息化系统。要使企业决策者通过信息网络对产、供、销、人、财、物、技术等系统运作全面掌握，结合对外部宏观经济环境、市场行情和国家有关政策的了解分析，实行智能化、程序化的科学决策，并通过其有效施行促进企业决策不断走向优化。要实现上述科学决策，则必须运用现代信息技术手段，大量开发企业内外部的信息资源，而且还必须通过企业信息网络和信息化工作程序才能得以有效完成。

（4）组织结构信息化。企业信息化不可或缺的一个组成部分就是建立与信息化相适应的组织结构模式，从而实现对组织中人力、物力、财力、信息资源的管理。因此，组织结构信息化对企业信息化的实现具有重要意义。

为了适应市场需求，不断推出新产品，企业必须具有产品改型设计的能力，即便产品本身具有柔性，也只有在系统能力范围内，产品设计的改造、升级才是比较容易的，这就是说，产品设计者设计新产品一定要在系统加工能力之内。设计部门与制造部门由传统的单向传递关系转为交互式的依赖关系，设计者需要关注他们的设计是否合理、是否适合于制造的反馈信息，而生产调度人员需要有关于未来产品的信息，以便安排生产计划。这种交互式依赖关系的增加使企业的通信联系形成一个网络，也使多功能的项目小组成为必要。这种以知识和技能为基础的多学科、跨部门的协同攻关小组将不断增多。同时，竞争日趋激烈和产品市场寿命周期缩短，迫使企业不得不简化管理层次，实现信息迅速传递、决策准确及时，充分调动人员的积极性，提高管理效率。

（二）企业信息化的意义

1. 企业信息化的意义

首先，社会主义市场经济的建立，企业之间竞争的加剧，对信息的需求量是巨大的、多方面的。这就形成了我国信息化建设的原动力。其次，加入 WTO，与国际市场对接，参与国际经济竞争，也迫切要求信息化建设和发展，以增强企业对市场的反应能力，提高市场竞争的效率。最后，有利于实施信息化带动工业化，工业化促进信息化的伟大战略，促进经济体制改革和经济增长方式的变革。

2. 企业信息化的趋势

纵观企业信息化的国际发展情况，呈现以下趋势：信息管理从手工管理向自动化、网络化、数字化的方向发展；信息管理从单纯管理信息本身向管理与信息活动有关资源的方向发展；信息管理从分散、孤立、局部地解决问题走向系统、整体、全局地解决问题；信息管理从收集和存储信息为主向传递和检索信息为主的方向转变；信息管理从辅助性配角地位向决策性主角地位转变。

二、企业信息化的关键是会计信息化

（一）会计是一个信息系统

从企业信息化的角度看问题，会计的各项活动都体现了对信息的作用。填制与审核凭证是收集信息、初步确认信息；设置账户是为了获取某种信息而定义的模型和框架；复式记账是对信息的分类；登记账簿是进一步确认信息；财产清查是确认账面信息；成本计算是通过各种分类方法，将有关成本信息从发生的总费用中提炼出来；编制会计报表是汇总信息；经济活动分析是对会计信息的反馈；会计管理是会计信息的使用；会计决策是对会计信息的充分利用；会计检查主要是审查会计信息。从这个意义上说，会计是一个信息系统。

1. 会计信息系统的意义

从会计信息系统的含义来看，会计信息系统的意义表现为以下四点。

（1）反映了会计作为一种数据处理科学的基本特征。如果把会计作为一个整体来看待，则贯穿会计活动始终的是数据的采集、输入、存储、加工处理和传输，这与信息系统的基本特征是相吻合的，即会计数据处理是符合信息系统特征的。

（2）将会计定义为一个信息系统，等于在理论上确立了会计是一个整体的概念，对于会计教学、会计研究、会计实践以及会计管理必将产生积极的推动作用。

（3）将会计定义为一个信息系统，有利于将会计置于现代信息技术之中，完成信息技术与会计的融合，实现会计信息化。同时，也有利于促进信息技术及其产业的发展。

（4）将会计定义为一个信息系统，既有利于人们认识会计信息系统在企业管理信息系统中的地位，也有利于在会计信息化过程中实施长计划、短安排的战略思想。按总体部署、分步实施的原则，建设企业的会计信息系统以至企业管理信息系统。

2. 会计信息的使用者及其作用

会计信息的使用者有两种基本类型：企业外部的使用者和企业内部的管理部门。会计信息系统是为外部信息使用者和内部信息使用者服务的。

（1）外部信息使用者。企业外部的会计信息使用者包括投资者、债权人、政府机构、客户、供应商、职工。企业的投资者最关心企业的经营，他们需要评价企业过去和预测未来的经营活动。资产负债表、利润表和现金流量表等财务报表是满足他们这些需要的最重要的手段，这也是会计信息系统的传统职责。

投资者也不可避免地从企业以外获取被投资企业的信息。如证券公司、金融机构等。向企业提供信用的金融机构，对企业的信誉、偿债能力以及企业的未来发展是非常关心的。企业的财务报表是这些信息的一个重要来源。

政府机构诸如财政、税务、审计等部门也需要企业的会计信息，而且这些需要对企业来讲可能是多种多样的。会计信息系统在满足他们的需求方面起着重大的作用。

在市场经济时代，企业的客户可以说是企业最重要的外部利益群体。客户所需要的与会计信息系统有关的信息包含在有关销售经济业务的记录中。供应商是企业原材料存货或可供销售商品的供给者。供应商也需要通过会计信息系统了解它的信用程度以及支付能力方面的信息。企业内部的职工，不仅关心企业的诸如工资水平、福利和利润等方面的信息，也关心工资、个人所得税等方面的信息。

（2）内部信息使用者。与外部信息使用者形成鲜明对比的是，向内部提供的会计信息是自由决定的。向谁提供信息，提供多少信息，在什么时候提供信息，必须由企业及其会计部门做出选择，这自然增加了会计信息系统设计者的难度。当然，会计信息系统不仅向企业管理者提供信息，也从企业内部获取信息。无论是从企业内部获取信息，还是向企业内部管理者提供信息，均必须在信息的成本和效益之间做出选择，衡量的标准是效益大于成本。值得注意的是，尽管会计信息系统是大多数企业主要的、正式的信息系统，但并不是唯一的信息系统，这是因为企业还从会计信息系统以外的渠道获取信息。

（二）企业信息化的关键是会计信息化

会计信息系统是企业管理信息系统中的一个重要的子系统。由于会计是以货币的价值形式反映和监督企业整个生产经营活动过程的，因此会计信息系统与其他子系统相比有其明显的特点。

1. 信息量大

据测算，会计信息量占企业全部信息量的 70% 左右。如此大的信息量都是由会计人员在会计信息系统中进行收集、输入、存储、处理和传输等各个环节生成的。

2. 精确性高

会计信息系统尽管从表面上看处理的是一些数据、信息，但透过现象看本质，我们不难发现，这些数据、信息涉及的是与企业有利害关系的各方的利益。因此，会计数据不仅要正确，而且要可靠。正确性与可靠性的衡量标准就是现行的会计法规、会计准则和会计制度。

3. 全面性

会计信息是全面反映企业供应、生产、销售各个环节并全面参与企业管理的综合信息，它是由会计信息系统采集、加工和输出的。会计信息的全面性决定了会计信息系统的全面性。

因此，会计信息系统是全面地反映、监督和控制整个企业生产经营活动，保证以最小的投入取得最大经济效益的子系统。至于企业管理信息系统中的其他子系统，它们一方面参与经济活动数据的采集，另一方面又是会计信息系统的客户。但这些子系统，无论是提供会计数据，还是作为会计信息的客户，反映和监督的终究只是企业生产经营活动的一个侧面。如人事劳资子系统，仅反映企业人员、考勤、工资额方面的信息。

4. 综合性

会计信息系统是以货币这种形式来反映和监督企业的生产经营活动的，货币的特有功能决定了会计信息系统输出的会计信息具有一定的综合性。任何以实物计量单位和劳动计量单位表示的信息在货币面前都不再有任何差别。

5. 复杂性

会计信息系统的复杂性主要体现在两个方面：一是会计信息系统内部结构的复杂性。在静态上由资产和权益两个方面构成，在动态上由收入、费用和利润三个方面构成，在静态与动态的综合上由若干个子系统构成。二是会计信息系统在企业内部不是独立存在的，它与企业管理信息系统中的其他子系统有着错综复杂的联系，这是由会计信息系统所处的地位决定的。

总之，会计信息系统在企业管理信息系统中居于十分重要的地位，而且这种地位是其他任何子系统都不可取代的。这也从侧面使我们认识到研究企业信息化的关键是会计信息系统及其与其他子系统的关系问题，即会计信息化问题。

社会信息化已成为这个时代的主旋律，社会信息化的基础是企业信息化，企业信息化的关键是会计信息化，实现企业信息化应该从会计信息化开始。加快会计信息化的发展将成为下一个阶段我国信息化建设的重要任务，加快会计信息化进程是时代赋予我们的重任。

（三）企业信息化对会计信息化模式的影响

随着企业信息化事业的不断发展，企业信息化对会计信息化模式产生了重大的影响，表现为以下六个方面。

1. 对会计数据输入形式的影响

在企业信息化环境下，会计数据的输入形式发生了很大变化。一是书面形式的原始凭证在很多情况下被电子数据代替，如电子商务产生的交易凭证、商场收款机采集的销售凭证、计算机集成制造系统自动记录的生产数据等。二是原始凭证的输入点大多数情况下不在财会部门，而在产生数据的业务部门，如采购部门、销售部门以及办公自动化环境中。三是大多数记账凭证将由会计信息化系统自动产生。会计数据输入形式的改变将会给传统会计岗位的设置、数据处理流程、会计数据资料的生成与管理带来一系列的变革。

2. 对会计数据处理内容的影响

传统会计数据的处理围绕会计要素展开，会计信息主要是价值信息，最后形成若干通用会计报表传递给信息使用者。在企业信息化环境下，数据库信息为整个企业信息系统所共享，它存放的是企业最基本的经济活动事项的数据，而不是按会计要素进行货币计量并分类、归并和综合化的数据。利用数据库技术、网络技术和计算机极强的数据处理能力，使会计信息化系统在企业管理信息系统中的综合系统地位得到加强，由原来的以提供日常核算资料为主，发展到对企业的各类管理人员提供信息。另外，基于互联网的会计信息化系统，也大大扩展了会计数据处理的时空范围，使远程处理、实时监控成为可能。

3. 对数据处理流程的影响

在企业信息化环境下，数据处理流程发生了很大变化。一是数据处理流程的起点由财会部门的凭证输入点扩展至企业的业务源头，即各业务部门。二是日常的会计数据处理和信息输出均由计算机网络系统自动进行，除非出现计算机安全问题，计算机内部数据处理一般是不会出差错的。因此，在计算机内部没有必要模仿手工处理流程进行账账核对和某些试算平衡处理环节。甚至有国外学者提出，传统会计的借贷记账方法、记账凭证生成、记账等环节都不是必需的，需要某种信息时由经济业务数据文件直接即时生成即可。

4. 对会计数据生成与管理的影响

企业信息化以后，会计数据的生成与管理将会发生很大变化。一是由于集成系统处理总是以最基本的交易事项为处理单元，因此记账凭证的数量将会十几倍地增加，再打印记账凭证将会付出较高代价。二是书面形式的原始凭证或不存在、或分散在企业的业务源头，再强调记账凭证与原始凭证的书面匹配，将会人为增加冗余的业务流程和处理工作量。三是随着社会信息化的发展，会计信息的查询、使用，明细账、总账以及财务报表的生成、发布越来越趋向于网上在线实时生成的形式。因此在信息化环境下，基于书面资料的会计数据生成与管理办法应过渡到基于电子数据的会计数据生成和管理办法。

5. 对会计数据处理组织的影响

传统会计组织结合内部控制的要求按会计工作的不同内容进行划分，并相应地配备会计人员开展数据处理工作。在会计信息化系统中，原先由会计人员分工完成的许多内容都由计算机集中自动地完成，因此组织形式和人员配备必然会发生较大变化。尤其是当企业信息化发展到一定程度和规模时，会计信息化系统将完全融合于整个企业信息系统中，企业内部传统的部门界限、数据处理职能分隔将越来越模糊。企业会计组织内部乃至于整个企业内部的岗位职责都需要重新定义和组合。

6. 对内部控制的影响

在企业信息化环境下，传统的以部门控制为主的控制模式不再有效，而必须建立新的以保证计算机信息系统安全和信息安全为目标的内部控制制度。内部会计控制的范围将从会计组织内部扩展到整个企业乃至全社会。

三、会计信息化的含义与特征

（一）会计信息化的含义

1. 会计信息化的含义

会计信息化就是利用现代信息技术（计算机、网络和通信等），对传统会计模式进行重构，并在重构的会计模式上通过深化开发和广泛利用会计信息资源，建立技术与会计高度融合的、开放的现代会计信息系统，以提高会计信息在优化资源配置中的有效性，促进经济发展和社会进步的过程。会计信息化是国民经济信息化和企业信息化的基础和组成部分。

（1）会计信息化应该体现信息环境下会计变革的要求，反映会计与技术的结合及其相互影响。会计信息化的含义应该是结合现代信息技术对传统会计进行重整，并据以建立开放的会计信息系统。这种系统将全面运用现代信息技术，使业务处理高度自动化，信息高度共享，能够主动和实时报告会计信息。会计信息化使企业内人人都可能成为会计信息的处理者和使用者，并将通过网络系统接受企业外部会计信息使用者的随时监督。而传统以簿记为主的会计组织将可能消失。

（2）会计信息化是将会计信息作为管理信息资源，全面运用以计算机、网络和通信为主的信息技术对其进行获取、加工、传输、存储、应用等处理，为企业经营管理、控制决策和社会经济运行提供充足、实时的信息。

（3）会计信息化是在会计工作中广泛应用信息技术，开发信息资源，利用信息促进企业发展经济和提高经济效益，并向社会各方面提供多方位信息服务的过程。以上是近年来会计界对会计信息化的各种认识和解释，这说明了会计界对会计信息化理念的认可和赞同，同时也进行了积极而有成效的探索。

2. 对会计信息化的认识

会计信息化不同于网络会计。会计信息化是基于现代信息技术平台，融物流、资金流、信息流与业务流为一体，反映会计与现代信息技术相结合的，高度数字化、多元化、实时化、个性化、动态化的会计信息系统。理由如下。

（1）我们正处在信息社会，信息化已经成为世界性的大趋势。在这样的形势面前，怀疑广大的会计实务人员和会计理论工作者从“会计信息化”字面上无法直接感觉到会计信息化与计算机网络技术和信息集成等的联系，实在是过低地估计了会计实务工作者和会计理论工作者的素质。

（2）会计的目标是提供以财务信息为主的经济信息，只要是关心和利用会计信息的人士，都会从他们的切身体会中对会计的目标有所了解和认识。他们知道在会计信息化的理念下会计信息的时间性、空间性和效率性会增强。

（3）信息化是以网络化为基础的。会计信息化在强调对环境变化、竞争和顾客需求以及供应商的反应方面比计算机网络会计更加直接明了。

（二）会计信息化的特征

1. 会计信息化的特征

会计信息化的特征体现在以下四个方面。

（1）普遍性。从会计信息化的要求来看，普遍性是指现代信息技术在会计理论、会计工作、会计管理、会计教育诸领域的广泛应用，并形成完整的应用体系。

（2）集成性。会计信息化集成包括三个层面：首先，在会计领域实现信息集成，即实现财务会计和管理会计之间的信息集成，协调和解决会计信息真实性和相关性的矛盾；其次，在企业内部实现财务和业务的一体化，即集成财务信息和业务信息，在两者之间实现无缝连接，使财务信息和业务信息能够做到真正融合在一起；最后，建立企业与外部利害关系人（客户、供应商、银行、税务、财政、审计等）的信息网络，实现企业内外信息系统的集成。信息集成的结果是信息共享。企业内外与企业有关的所有原始数据只要输入一次，就能做到分次利用或多次利用，既减少了数据输入的工作量，又实现了数据的一致性，还保证了数据的共享性。

（3）动态性。动态性，又名实时性或同步性。会计信息化在时间上的动态性表现在：首先，会计数据的采集是动态的。无论是企业外部的数据还是企业内部的数据，也无论是局域数据还是广域数据，一旦发生，都将存入相应的服务器，并及时传送到会计信息系统中等待处理。其次，会计数据的处理是实时的。在会计信息系统中，会计数据一经输入系统，就会立即触发相应的处理模块，对数据进行分类、计算、汇总、更新、分析等一系列操作，以保证信息动态地反映企业的财务状况和经营成果。最后，会计信息的发布、传输和利用能够实时化、动态化，会计信息的使用者也就能够及时做出管理决策。

（4）渐进性。会计信息化的渐进性具体应分三步实现。首先，以信息技术去适应传统会计模式，即建立核算型会计信息系统，实现会计核算的信息化；其次，现代信息技术与传统会计模式相互适应，表现为：传统会计模式为适应现代信息技术而对会计理论、方法作局部的小修小改，扩大所用技术的范围（从计算机到网络）及所用技术的运用范围（从核算到管理），即管理型会计信息系统，实现会计管理的信息化；最后，以现代信息技术去重构传统会计模式，以形成现代会计信息系统，实现包括会计核算信息化、会计管理信息化和会计决策支持信息化在内的会计信息化。

2. 会计信息化的要求

会计信息化包括信息的生产和应用两个方面：一方面是开发会计信息资源，从各种渠道收集和生成会计信息；另一方面是应用会计信息，用于企业内部和企业外部。在会计信息化的过程中，要广泛应用信息技术。会计信息化要求体现在以下方面。

（1）会计信息技术和信息资源，在企业管理的各方面和全过程得到应用；企业管理的各个方面也要充分重视会计信息的利用，发挥会计信息在企业资源配置和经济效益增长方面的作用。

（2）会计信息在不同层次的网络化，用于社会的不同方面。这一要求实现与否，取决于会计信息集成化的程度。从横向上来说，首先是会计信息系统内的集成，即财务会计和管理会计的集成；其次是企业内部财务和业务的集成，使财务与业务能够一体化；最后是企业内部与企业外部通过互联网进行的信息集成。从纵向上来说，就是要实现企业过去、现在和将来不同时态上的信息集成。在这个基础上，建立各级政府的会计信息中心，集成所辖行政区划内的会计信息，为各级政府的经济决策服务。

（3）会计信息进入现代信息网络，用于国际交流。随着中国加入世界贸易组织，与世界其他国家之间的资本流动逐渐增加，会计作为一种国际商业语言的作用日渐明显，会计信息在国家间的流动要求与日俱增。国际互联网使会计信息用于国际交流从必要性转向了现实可能性。

四、会计信息化的内容

会计信息化的核心内容是建立会计信息系统，会计信息化的核心工作是利用现代信息技术，构建由计算机、网络、操作系统、数据库管理系统、会计软件、数据文件、会计和系统管理人员等组成的会计信息系统。

会计信息化的内容是极其广泛而丰富的，可以从不同的角度进行归纳。下文遵循着会计信息化的发展过程和会计信息化的应用范围两条线索进行讨论，进而提出会计信息化的内容。

（一）从会计信息化的发展过程来看

从会计信息系统的内容来看，会计信息系统包括财务会计和管理会计两个方面的内容。财务会计是通过确认、计量、记录和报告来实现对会计对象要素的记账、算账和报账功能，即会计核算。管理会计则主要是预测经济前景、参与经济决策、规划经营目标、控制经济活动和考核评价经营业绩。将财务会计和管理会计统一起来考虑，就是以事前为主的“决策”、以事中为主的“管理”和以事后为主的“核算”。

从会计信息化的发展过程来看，主要分为三个基本的阶段，即会计核算信息化、会计管理信息化、会计决策支持信息化。所以，无论从会计信息系统的内容上讲，还是从会计信息化的阶段上讲，会计信息化都不外乎是会计核算信息化、会计管理信息化和会计决策支持信息化三个方面的内容。

1. 会计核算信息化

会计核算信息化按信息载体不同可分为会计凭证、会计账簿和会计报表三个子系统。

会计核算信息化属于事务处理系统。其特点表现为：会计核算信息化是会计信息系统的最底层，它跨越企业与其环境之间的边界；会计核算信息化是为会计管理信息化和会计决策支持信息化提供信息的主要生产者。

会计核算信息化是会计信息化的第一个阶段，主要内容包括：建立会计科目信息化、填制会计凭证信息化、登记会计账簿信息化、成本计算信息化、编制会计报表信息化等。

2. 会计管理信息化

会计管理信息化系统按会计管理的内容可以分为资金管理、成本管理和利润管理三个子系统。会计管理信息化的主要表现为：它不仅支持作业层和管理层的结构化和半结构化决策，而且对决策层的计划工作也是有用的；一般是面向报告和控制的；依赖于企业现有的数据和数据流；一般用过去和当前的数据辅助决策；是针对内部的而不是针对外部的；信息需求是已知和稳定的。

会计管理信息化是在会计核算信息化的基础上，利用会计核算提供的数据和其他有关数据，借助计算机会计管理软件提供的功能和信息，帮助会计人员筹措和运用资金，节约生产成本和经费开支，提高经济效益。

会计管理信息化主要有以下任务：进行会计预测，编制财务计划，进行会计控制。

3. 会计决策支持信息化

会计决策支持信息化是会计信息化的最高阶段。在这个阶段，由会计辅助决策支持软件来完成决策工作。该软件根据会计预测的结果，对产品销售和定价、生产、成本、资金和企业经营方向等内容进行决策，并输出决策结果。主要包括经营活动决策模型及其应用、投资活动决策模型及其应用、筹资活动决策模型及其应用。

会计决策支持系统与会计信息系统的其他子系统共同构成了一个完整的会计信息系统，它们相辅相成，分别完成会计核算、会计管理、会计预测决策等相关工作。其中会计核算信息化是基础，是后两个层次的重要数据来源，会计决策支持信息化是从前两个阶段的信息化发展而来的，决策所依据的数据要靠前者来提供。会计决策支持信息化的特点表现为：具有灵活性、适应性和快速响应性；让用户设置和控制系统的输入和输出基本上不需要专业程序员的帮助；一般是针对非结构化问题的；需要使用复杂的分析和建模工具。

会计核算信息化、会计管理信息化和会计决策支持信息化可以是独立的信息系统，但更应该是集成的信息系统。这是因为会计信息系统本来就是一个整体。一方面，会计核算信息化、会计管理信息化和会计决策支持信息化存在着紧密的关系；另一方面，集成化的会计信息系统的效率远远超过各子系统独立存在的效率。

（二）从会计信息化的应用范围来看

会计信息化应用范围涉及部门、企业、集团企业、供应链等方面。与此相适应，会计信息化的内容包括：面向部门应用的会计信息系统、面向企业应用的会计信息系统、面向集团企业应用的会计信息系统、面向供应链应用的会计信息系统。

1. 面向部门应用的会计信息系统

面向部门应用的会计信息系统是企业财会部门专用的信息系统，它在物理上是独立于企业其他部门的信息系统，会计信息的采集、输入和处理是后台批量进行的处理，会计信息系统与其他业务系统之间形成相互独立的“信息孤岛”。面向部门应用的会计信息系统属于会计信息化的初级阶段。

2. 面向企业应用的会计信息系统

面向企业应用的会计信息系统是企业整体管理信息系统的一个有机子系统，会计信息系统与其他业务系统进行集成，通常作为 MRP-U、ERP 等系统的一个模块出现。其最显著的功能是多数会计原始信息将在业务系统中实时、自动地采集，并自动完成记账和自动生成记账凭证，克服了“信息孤岛”的弊端，大大提高了工作效率和信息的及时性。面向企业应用的会计信息系统属于会计信息化的中级阶段。

3. 面向集团企业应用的会计信息系统

面向集团企业应用的会计信息系统是运行在集团企业协同网络平台上集团企业管理系统的一个子系统。此时，会计信息系统的最大特征是会计信息系统目标具有双重性，即一方面要满足单个企业会计管理的需求，另一方面还要满足集团企业整体会计管理的需求。面向集团企业应用的会计信息系统属于会计信息化中级阶段的集团内部应用。

4. 面向供应链应用的会计信息系统

面向供应链应用的会计信息系统是运行在供应链各联盟企业协同网络平台上的企业管理系统的一个子系统。此时，会计信息系统的最大特征是提升整个供应链企业联盟的竞争力。面向供应链应用的会计信息系统属于会计信息化的高级阶段。

第三章 企业信息系统的建设

信息系统不仅局限于硬件与软件，还包括信息系统的作用、技术、管理和组织。当某个企业在设计其新的信息系统时，就是在重新设计组织。本章在简要介绍信息系统的基本概念之后，说明在建设企业新的信息系统时应该考虑企业的组织变革。然后介绍了信息系统开发“自上而下、逐步求精、模块化结构化”的结构化分析与设计思想，分析设计时的不同策略及生命周期法、原型法两种信息系统开发的基本方法。尽管信息技术的快速发展已经可以让不懂技术的人也可以建设信息系统，但理解这些开发的方法并将技术与组织变革一起考虑，将有助于信息系统的建设。最后介绍了信息系统实施与维护的基本概念与基本内容。

第一节 利用信息系统重新设计组织

建立新的信息系统的过程就是有计划地组织变革的过程。一个技术上成功的信息系统，完全可能因为在其建立、运行与管理的过程中受各方面因素的影响而失败。所以，建设新的信息系统时应将其作为组织变革的手段，对信息系统开发、设计与应用进行精心安排。

一、信息系统的概念与功能

（一）信息系统的概念

信息系统是由计算机硬件、网络和通信设备、计算机软件、信息资源、信息用户和规章制度等组成的以处理信息流为目的的人机一体化系统。

（二）信息系统的功能

信息系统一般有五个功能，分别是输入功能、存储功能、处理功能、输出功能和控制功能。

1. 信息系统的输入功能

信息系统输入功能的实现，取决于三个方面：第一，信息构建的目的；第二，系统本身所具备的能力与功能；第三，信息系统所处的内外部环境因素。

2. 信息系统的存储功能

信息系统的存储功能是指信息系统存储各种数据、信息和资料的能力。信息系统的存储功能取决于两个方面：第一，信息系统本身的功能；第二，信息本身存储空间的大小。

3. 信息系统的处理能力

信息系统的处理能力是指运用有关的处理工具，基于信息系统的相关数据技术和数据挖掘技术等，对信息系统所存储的数据、资料、信息进行加工和处理。信息系统的处理能力依托于信息本身的功能和技术的先进程度。

4. 信息系统输出功能

信息的输出功能是指经过信息系统处理的数据、资料和信息，以软盘、硬盘、虚拟空间等方式输出保存的能力。信息系统前三个功能都是为了保证信息输出功能的实现。

5. 信息系统的控制功能

信息系统的控制功能对构成系统的各种信息处理设备进行控制和管理，对整个信息加工、处理、传输、输出等环节通过各种程序进行控制。信息系统的输出功能可以保障信息系统其他功能的顺利实现。

（三）信息系统的分类

企业信息系统从内部控制的角度进行划分，可以分为两大类，分别为功能驱动型信息系统和事件驱动型信息系统。

1. 功能驱动型信息系统

功能驱动型信息系统是根据企业的功能来设计信息系统的。由于企业的功能较多，呈现多样性，相应的信息过程、业务过程及管理过程也呈现以下特点。

（1）信息系统不能全面反映业务过程。面对同一个业务过程，不同的功能部门会产生不同的信息系统。例如，对于订货事件，生产部门需要处理订单的信息以安排生产进度，销售部门需要产品的定价信息以安排广告与销售工作，人事部门需要销售人员的销量信息以确定佣金。各功能驱动子信息系统充当了信息的过滤器，按自己功能（部门）的信息需求从业务过程产生的信息中筛选进入子系统的数据，然后进行加工处理，得到相应的功能信息。各子信息系统采集和存储的数据是业务过程的一个子集，与业务过程原始、完整的数据具有很大的差异。在功能驱动型信息系统中，没有一个能全面反映业务过程所有信息的数据库。

（2）管理过程无法对业务过程集中控制。对于同一业务过程的数据，各子系统在设计时没有考虑与其他子系统的信息共享，它们都分别独立地按自己的需要及方式获取自己的数据，致使各子系统中的数据呈现多样性。同一业务数据被按不同的方式多次采集，每个信息子系统中的信息就出现了不一致性，因此形成了“信息孤岛”。作为管理者，特别是高层管理者，无法从任何一个信息系统中获取关于业务过程的完整一致的数据。即使是重新设计一个专为高层管理者提供信息的子系统，由于与其他子系统数据的不一致性和分割性，该子系统的成本极高且效果不佳。总之，在功能驱动型信息系统下，当管理者试图对企业整个业务过程进行统一集中管理时，无法获得业务活动的全部信息并把信息综合起来作为决策的依据，从而无法实现对业务过程的集中控制。

（3）控制缺乏时效性。在功能驱动型信息系统下，数据采集依赖于各个职能部门内部的信息系统，没有充分发挥信息技术特别是网络技术的优势，数据的及时采集没有实现，更谈不上一次输入、多次共享。由于各个职能部门彼此独立，业务过程必然在不同的时间和空间发生，数据采集存在滞后性。另外，如果是提供给高层管理者，还得进一步进行综合加工，这都使信息具有滞后性，而信息的实时性决定了它的时效性和控制力度。由于信息提供滞后，不能实现实时支持，管理者无法实现实时决策，也就谈不上实时控制了。

2. 事件驱动型信息系统

所谓事件驱动型信息系统，是指与业务过程相结合，组成业务过程的事件一旦发生，实时收集能反映事件全貌的相关数据（包括事件内容、时间、参与者、地点及相关事项等），这些数据能满足所有功能部门的信息需要。它是基于业务活动而不是功能的，它充分利用信息技术，经过重组，可以支持业务过程的简化和变更。它集成所有业务数据，集成所有信息子系统，最终实现实时控制。

对比功能驱动型信息系统下内部控制的特点，可以看出事件驱动型信息系统是企业实现实时控制的基础。

（1）信息系统全面反映业务过程。当业务过程中的业务事件发生时，业务事件处理器就被触发，将与该业务过程相关的信息全部收集到业务数据库中。这个数据库是对业务过程相关信息的全面反映，是对业务过程最真实的反映。所有数据只需输入一次，使用不同的报告工具之后，可以为所有的功能部门提供他们所需的信息。与功能驱动型信息系统相比，其各功能部门的信息子系统是居于同一个数据平台的，它们使用的原始数据来自同一个数据库，因此尽管视角不同，但数据具有一致性，是对业务事件的完整、真实的反映。

（2）业务过程被集中控制。业务过程与信息过程整合在一起是事件驱动型信息系统的最大特点。一个数据库中的数据集中反映了整个企业的业务过程的详细信息，其数据具有连贯性，实现了数出一门，不会产生信息的不一致性。不考虑管理者个人特征的影响，管理者在对业务过程进行管理时，更多的是受他做决策所依据的信息的影响。与业务过程融合在一起的信息过程所提供的信息可以使他很方便地对业务过程进行集中控制。

（3）可以实现实时控制。随着信息技术的发展，业务事件的发生将实时地触发信息系统的数据采集系统，通过网络进行实时数据传送，使用高效的报告工具对其进行实时的加工处理，以人机对话的形式反馈给管理者，极大地压缩了管理者做决策与业务过程控制之间的时间，从而实现了实时控制。这就是业务过程、信息过程、管理过程集成、协调高效的最佳表现，是企业管理的最高追求。

二、信息系统是组织变革的手段

组织必须确保首先开发重要的、必要的系统，这可能取决于企业的战略规划小组和信息系统指导委员会。战略规划小组负责制订战略性的组织规划，规划中可能会提出新系统的开发需求。该小组的一项重要职能就是在信息系统领域给出全面的战略指导，并使高层管理者获得对信息系统的理解与支持。信息系统指导委员会直接对系统开发和运行负责，由最终用户和各部门主管组成，是系统开发的强有力监督保障机构。系统开发以项目小组的方式开展，每个项目小组都有直接负责建立信息系统的专业人员。在信息技术的使用越来越简单的今天，建立信息系统的专业人员往往是该系统的最终用户。

信息系统往往是企业规划中的一部分。企业需要制订一个信息系统计划，以支持组织全局性总体业务规划。信息系统计划对信息系统开发、理论基础、目前状况、管理战略、实施计划以及收益等方面都具有指导作用。当然，在制订信息系统计划时，企业需要应用企业分析与战略分析的方法，对自身长期和短期的信息需求有明确的认识。

三、系统开发与组织变革

信息技术可以通过自动化、合理化、企业流程再造和立足点转移等方式，使新的信息系统成为组织变革的强有力手段。信息技术可以帮助企业提高效率，自动化是支持组织变革的最常见方式。合理化通过简化标准操作过程的方式使自动化操作更高效。为降低企业成本，企业流程再造对企业的生产制造和服务等工作流程再认识，并重新组织，减少浪费，消除重复性工作，以全新的眼光对过程进行重新组织。即利用信息技术，企业能够重新认识并设计自己的业务流程，以改进效率、服务和质量。过程的合理化和企业流程再造仅限于一些特定的业务部门，新的信息系统通过改变企业实施业务的方法或者业务本身的性质，最终影响着整个企业的设计。立足点转移则因对企业自身性质的重新认识，而促使企业发生更激进的变革。企业流程再造和立足点转移失败的可能性不小，甚至可能达到70%，但因回报高而使很多企业希望通过新信息系统的建设，实施立足点转移和企业流程再造的战略。

如果在建立新信息系统之前就对业务过程重新设计，则企业很可能从其在信息技术的投资中获得较大回报。企业流程再造需要建立一个企业职能运作的过程模型，分析各业务部门之间的相互关系，减少冗余过程，使业务部门更高效率地运作。企业流程再造的五个步骤是：建立企业目标和过程目的，找出需要重新设计的过程，了解并评价现有过程的绩效，确定应用信息技术的机遇，建立一个新的过程模型。

四、系统开发

系统开发是建立一个信息系统所需进行的一系列活动，包括系统分析、系统设计、程序编制、系统调试、系统转换、系统运行与维护等。系统开发是以上活动的螺旋式上升，因开发方法不同，以上活动是按顺序（或循环重复，或同时）进行的。系统开发时还应注意每种活动应该与企业的组织相互配合，因此系统开发过程有可能引发组织的变革。

系统分析是对组织打算用信息系统所解决的问题进行分析。在对组织的分析过程中，将具体分析现行系统存在的问题。然后提出一个解决方案，而对问题的解决方案多是计划建立一个新的信息系统或者是对现行系统进行改造。解决方案需要从技术、经济与操作方面分析其可行性。如果可行就要确定信息需求，撰写需求说明书。系统分析常常能够使操作过程更清晰，并统一组织内不同人员的认识。

系统设计主要完成构建新信息系统的总体规划模型，它将决定信息系统怎样实现在系统分析中所确定的目标。系统设计完成后应有几种能够解决问题的技术方案，并要设计这些方案在技术上实现的管理和控制，确保这些方案是可行的，最后要编制系统说明书。系统设计时要分别进行逻辑设计与物理设计，要提供多种可供选择的设计方案。要考虑最终用户的作用，即设计出来的系统应反映最终用户的业务流程和信息需求。

系统开发过程的实施就是将系统分析与设计阶段所确定的系统解决方案的说明变成一个完全可操作的信息系统。系统转换是指用新的系统代替老系统的过程。可以采取四种战略进行系统的转换：并行战略、直接转换战略、试点研究战略和分阶段渐进战略。转换前需要设计一个转换计划，做好转换过程中所有活动及其时间的安排。系统转换时还要求对最终用户进行新系统使用的培训。新系统被安装和转换结束后，系统就算投入运行了。系统运行和维护阶段，用户和技术人员将对系统进行复审，以确定原始目标满足的情况，并决定是否进行一些必要的修改。对于一个已投入运行的系统，为了纠正某些错误、满足新的要求或者改进处理效率，需要对硬件、软件、文档资料进行维护。系统维护可以排除或纠正紧急的运行问题，可以对数据、文件、报表、硬件及软件进行修改，更多的是帮助用户提高水平、完善文档、修改程序以提高系统处理效率。

第二节　企业信息系统的开发

一、开发信息系统策略

开发信息系统的策略有三种。

（一）自下而上的开发策略

自下而上的开发策略是从现行系统的业务状况出发，先实现一个个具体的功能，逐步地由低级到高级建立信息系统。自下而上方法首先从研制各项数据处理应用开始，然后根据需要逐步增加有关功能。自下而上开发策略的优点是可以避免大规模系统可能出现运行不协调的危险，但缺点是不能像想象那样完全周密。由于缺乏从整个系统出发考虑问题，随着系统的进展，往往要做许多重大修改，甚至重新规划、设计。

（二）自上而下的开发策略

自上而下的开发策略强调从整体上协调和规划，由全面到局部，由长远到近期，从探索合理的信息流出发来设计信息系统。由于这种开发策略要求很强的逻辑性，因而难度较大。自上而下的开发策略是信息系统的发展走向集成和成熟的要求。整体性是系统的基本特性，虽然一个系统由许多子系统构成，但它们又是一个不可分割的整体。通常，自上而下的策略用于小型系统的设计，适用于对开发工作缺乏经验的情况。

（三）综合性开发策略

由于自上而下的方法适宜于系统的总体规划，自下而上的方法适宜于系统分析、系统设计阶段。所以实际使用时，应将两种方法综合起来，发挥各自的优点，采用自上而下的方法进行总体规划，将企业的管理目标转化为对信息系统的近期和长远目标，新系统的设计和实现则采用自下而上的方法。

二、结构化系统开发思想

结构化系统开发思想是信息系统开发的基本思想。即用系统的思想和系统工程的方法，按照用户至上的原则，结构化、模块化，自顶向下对系统进行分析与设计。先将整个信息系统开发过程划分为若干个相对独立的阶段（系统规划、系统分析、系统设计、系统实施等）。在前三个阶段坚持自顶向下地对系统进行结构化划分：在系统调查和理顺管理业务时，应从最顶层的管理业务入手，逐步深入至最基层。在系统分析、提出目标系统方案和系统设计时，应从宏观整体入手，先考虑系统整体的优化，然后再考虑局部的优化问题。在系统实施阶段，则坚持自底向上地逐步实施，即组织人员从最基层的模块做起（编程），然后按照系统设计的结构，将模块一个个拼接到一起进行调试，自底向上、逐步地构成整个系统。

三、生命周期法

在用结构化系统开发方法开发一个系统时，将整个开发过程划分为首尾相连的六个阶段，即一个生命周期。生命周期法采用结构化的思想、系统工程的观点和工程化的方法进行管理信息系统的开发。

（一）生命周期开发方法

首先，将整个系统的开发过程分为项目定义、系统研究、设计阶段、编程阶段、安装阶段和运行／维护阶段六个相对独立的开发阶段。其次，在系统研究、设计阶段，按照自顶向下的原则，从最顶层的管理业务开始，直到最底层业务，以模块化的方法进行结构分解。在项目定义阶段，决定组织是否存在问题，以及问题是否可以利用建设新系统或改造原有系统的方法加以解决。

（二）生命周期法的主要原则

生命周期法的主要原则如下：①用户参与原则；②工作阶段严格区分原则；③自顶向下的原则；④系统开发过程工程化，工作成果文档化、标准化原则。

用户至上是影响成败的关键因素。整个开发过程中，要面向用户，充分了解用户的需求与愿望。在设计系统之前，深入实际，详细地调查研究，努力弄清实际业务处理过程的每一个细节，然后分析研究，制订出科学合理的目标系统设计方案。严格区分工作阶段，把整个开发过程划分为若干工作阶段，每一个阶段有明确的任务和目标，预期达到的工作成效，以便计划和控制进度，协调各方面的工作。前一阶段的工作成果是后一阶段的工作依据。充分预料可能发生的变化：环境变化、内部处理模式变化、用户需求变化。开发过程工程化，要求开发过程的每一步都要按工程标准规范化，工作文体或文档资料标准化。

（三）生命周期法的特点

自顶向下整体地进行分析与设计和自底向上逐步实施的系统开发过程。在系统规划、分析与设计时，从整体全局考虑，自顶向下地工作；在系统实施阶段则根据设计的要求，先编制一个个具体的功能模块，然后自底向上逐步实施。

（四）生命周期法的优缺点

优点：强调了开发过程的整体性和全局性，在整体优化的前提下考虑具体的分析设计问题。严格区分工作阶段，每一阶段及时总结、发现，总是及时反馈和纠正，避免造成浪费和混乱。

缺点：开发周期长，不能充分了解用户的需求和可能发生的变化。仅在开始几个阶段与用户沟通多。

（五）生命周期法的适用范围

其适用于大型系统、复杂系统。由于相当耗费资源，不灵活、限制变化，开发周期长，不适用于面向决策的应用，不适用于小型系统开发。

四、原型法

20 世纪 80 年代初，人们提出了一种新的软件设计方法，即原型法。原型法的基本思想是：当人们要解决不甚了解的问题时，可以先为该问题建立一个实验模型，并根据模型的运行情况来研究有关特性以及存在的问题。原型是一个可以实际运行、反复修改、不断完善的系统。原型法将仿真的手段引入系统分析的初始阶段，首先根据系统分析人员对用户要求的理解，利用先进的开发工具，模拟出一个系统原型，然后就这个模型展开讨论，征求用户意见，与用户进行沟通，在使用中不断修改完善原型，逐步求精，直到用户满意为止。

（一）原型法开发过程

原型法开发过程为：确定系统的基本要求和功能；构造初始原型；运行、评价、修改原型；确定原型后处理。原型法的开发方法有两种。方法一：直接开发可用系统。利用开发可用的原型，利用原型逐步向实际应用系统靠拢，直到用户满意为止。该方法的特点是原型将构成未来可运行的系统，开发周期相对较短，用户需求（系统定义）不规范，原型中存在一定的隐患，无法划分系统的开发与维护阶段。方法二：利用原型确定系统的定义。利用开发的原型不断补充和确认用户需求，然后从可用的原型出发重新建立实际的系统，系统部分可重用。该方法的特点是开发周期较前一种方法长，可以用来明确和规范用户需求，系统中将不存在因为多次修改而产生的隐患，用户需求可能变化。

（二）原型法的特点

原型法的特点如下：①原型法体现了从特殊到一般的认识规律，更容易为人们所普遍掌握和接受。②便于开发人员与用户之间相互交流，用户能较好地参与系统的开发。③原型法充分利用最新的软件开发工具，提高了开发效率，缩短了开发周期，减少了开发费用。④采用原型法开发系统灵活，便于修改与扩充。将模拟的手段引入系统分析的初始阶段，沟通了人们（用户和开发人员）的思想，缩短了用户和系统分析人员之间的距离，解决了结构化方法中最难以解决的一环，强调用户参与、描述、运行、沟通。所有问题的讨论都是围绕某一个确定的原型进行，彼此之间不存在误解和答非所问的可能性，为准确认识问题创造了条件；通过原型的确定，人们对原来想不起来或不易准确描述的问题有了一个比较确切的描述；能够及早地暴露出系统实现后存在的问题，促使人们在系统实现之前就加以解决。充分利用最新的软件工具，摆脱了传统的方法，使系统开发的时间、费用大大地减少，效率、技术等方面都大大地提高。同时，原型法强调软件工具支持。

（三）原型法的优缺点

优点：从原理到流程十分简单，最终总可以获得一个满意的信息系统，方法本身没什么高深理论和技术；用户与开发者思想易于沟通；使用软件工具效率高，摆脱了传统方法。

缺点：要求管理基础工作完整、准确，一般只适用于小型系统。

（四）原型法的应用范围

其适用于解决有不确定因素的问题、对用户界面要求高的系统、决策支持方面的应用。其不适合于拥有大量计算或控制功能的系统，大型或复杂的系统，容易掩盖需求、分析、设计等方面的问题，结果不确定——随原型构造评价过程而定，整体考虑较少。

另外，还有利用软件包的开发方法、最终用户开发法、利用资源外包等方法来建立新的信息系统。每种方法都有其特点、优缺点及适用范围。企业在真正建设信息系统时，很少只采用一种方法，往往是多种策略、多种方法综合应用。

第三节　企业信息系统的实施

一、企业信息系统实施的概念

企业信息系统的实施是指结合企业的需要和业务实际发展的状况，将相关的软件用于企业业务系统的程序与流程。信息系统的实施一般分为自己开发的信息系统的实施和他方开发的信息系统的实施，如果是企业自己开发的信息系统，那系统开发完成后，企业将其投入使用，一般是先进入试运行阶段；如果是他方为企业开发的信息系统，他方派出相关的实施指导人员，指导企业制订合理的信息系统实施方案，准备相关的数据、工作流程、实施规程，引导企业进行信息系统的实施，并在实施过程中，给予必要的指导和其他相关的服务。

二、企业信息系统实施的阶段

企业信息系统实施阶段是将新信息系统付诸实现的过程。它的主要活动是根据系统设计所提供的控制结构图、数据库设计、系统配置方案及详细设计资料，编制和调试程序，创建完整的管理系统，并进行系统的调试、新旧系统切换等工作，将逻辑设计转化为物理实际系统。通俗地讲，就是将纸面上的或者“设计图”式的新的信息系统方案转成可以实际运行的企业信息系统的系统软件，并应用到实际管理工作中。

三、企业信息系统实施的指导思想

企业信息系统实施项目是管理项目而非纯 IT 项目，是对企业管理的再造，实施的重点是观念的转变和企业流程的优化，IT 人员只是对系统进行技术支持，管理人员，尤其是最高决策者是实施工作的领导与主要参与者。企业最高决策层对管理信息系统要有深入的了解，对企业存在的问题要有客观的认识，对系统的期望要有清晰的描述，对管理的转变要有合理的预期。

四、企业信息系统成功实施的关键因素

（一）领导要充分重视

企业成功实施信息系统的关键条件是多方面的，但首先是领导必须充分重视。“领导充分重视”是一个广义的概念，不仅是企业最高领导亲自参与主持，还意味着企业整个决策层的参与和各部门一把手的参与和投入。只有企业决策层领导高度重视，并由“一把手”亲自挂帅，成立由各部门主要领导组成的实施领导小组，具体协调、解决信息系统实施中的问题和困难，并动员全体员工共同参加，才能克服困难，取得成功。

（二）全体员工积极参与

信息系统是对企业级的信息集成，它应用到企业的方方面面，涉及每个部门、每个员工，其包含的全面质量管理思想，更要求全体员工的积极参与，各负其责。同时，要分别对车间和部门的一把手、生产计划员、生产统计员、仓库管理员、财会人员等进行贯穿于

实施全过程的培训，定期和不定期地召开研讨会，了解系统实施的最新成果，集思广益解决存在的问题。

（三）数据准备

信息系统处理的对象是数据、信息和资料。因此，要求数据、信息和资料必须规范化，也就是必须有统一的标准。只有重视基础数据的整理、修改和完善工作，确保数据的正确性、完整性和规范化，才能有效实施信息系统。

（四）企业流程再造

信息系统中的信息实现了最小冗余和最大共享，传统方法需要几步或几个部门完成的工作，可能在信息系统中一次就可以完成。信息系统软件模块虽然按功能划分，但是每个模块中的应用程序并不限定在某个部门使用，可以说，信息系统是面向工作流，而工作流可以因企业、时间而异。这样，企业就有可能和有必要在业务流程与组织机构方面加以调整和变革，实行机构重组。特别是当现有系统管理的惯例与信息系统的管理原理不一致时，尽可能地不去改变软件结构，而是严格按照信息系统的原理来组织数据结构，开展管理规范制定、工艺文件改进、物料分类调整、清仓查库等工作。

（五）风险控制

首先，企业领导应对实施信息系统能为企业带来什么有较清楚的认识和客观的期望值。其次，信息系统内容庞大、模块繁多，模块间的关联也较复杂，其实施周期长、难度大，相应的系统实施风险也很大。如果企业忽视了人、财、物的资源支持、项目管理和协调、费用控制及未来企业的业务重组等方面的问题，造成信息系统的实施半途而废，不但浪费大量金钱、时间，而且还对信息系统本身产生怀疑，对现代企业管理产生畏难情绪。

第四节　企业信息系统的维护

一、信息系统维护的目标

系统维护是为了保证系统中的各个要素随着环境的变化始终处于最佳的和正确的工作状态。这是系统生命周期的最后一个阶段，也是很重要的一个阶段。新系统是否有生命力就取决于这一阶段的工作。

因此，管理信息系统运行与维护的目标，可以归纳为：保证新系统的正常、可靠、安全地运行，并不断完善系统，以增强系统的生命力，延长系统的生命周期，不断提高企业的管理水平，为企业创造经济效益。

二、信息系统维护的类型

信息系统的维护一般分为以下四类。

（一）改正性维护

改正性维护就是改正在系统开发阶段已发生的而系统调试阶段尚未发现的错误。

（二）适应性维护

外部环境的变化，不仅包括计算机硬件、软件的配置，而且包括数据库、数据存储方式在内的“数据环境”。为了适应变化了的系统外部环境，就需要对系统进行相应的修改，这种修改就是适应性维护。

（三）完善性维护

在系统的使用过程中，由于业务处理方式和人们对管理信息系统功能需求的提高，用户往往会提出增加新功能或者修改已有功能的要求，如修改输入格式、调整数据结构使操作更简单、界面更漂亮等。为了满足用户所提出的增加新功能或修改已有功能以完善其性能的需求，对系统所做的修改就是完善性维护。

（四）预防性维护

为了进一步提高软件的可维护性和可靠性，给改进创造条件，需要对软件进行的其他维护称为预防性维护。

三、信息系统维护的内容

（一）程序的维护

程序的维护是指改写一部分或全部程序。程序的维护通常都充分利用原程序，在原程序的基础上，对现在运行的系统进行更新和维护，使之更能适应企业需要。

（二）数据的维护

数据文件的维护包括数据维护、结构维护、数据文件的增设和删除等内容。

（三）代码的维护

代码的维护包括订正、新设计、添加和删除等内容。代码维护的困难不在于代码本身的变更，而在于新代码的贯彻使用。

（四）基础设施的维护

基础设施的维护包括机器、设备的日常维护与管理及发生故障时的紧急维护。要建立相应的规章制度，有关人员要定期地对设备进行检查、保养和查杀病毒工作，应设立专门的设备故障登记表和检修登记表，做好相关的记录。

四、信息系统维护的步骤

信息的维护步骤一般包括六个流程：第一，提出信息系统维护的申请；第二，上级有关部门或领导对申请进行审核、批准；第三，根据需要对系统维护任务进行分工、分配；第四，对信息系统进行维护；第五，有关部门或领导验收维护成果；第六，维护后的信息系统投入实施。

第四章　会计信息系统的建设

第一节　会计信息系统的概念、性质和类型

一、会计信息系统的概念

（一）会计数据

1. 概念

数据是反映客观事物性质、形态、数量和特征等属性的符号。例如，计算机显示器为17 英寸、会计实务课考试成绩为优秀等。会计数据是指用于描述各种经济业务属性的数据。例如，银行存款 100 万元、固定资产 900 万元、注册资本 5000 万元和利润总额 130 万元等。

2. 表现形式

数据一般有数字、文字、图表、声音、影像等表现形式，在会计凭证、会计账簿和会计报表中所记录的文字和数字都属于会计数据。

（二）会计信息

1. 概念

信息是经过加工处理后有用的数据。会计信息是指按照会计特有的方法和要求对会计数据进行加工处理后所形成的有用会计数据。例如，经审核通过的有关资产、负债、收入、费用和利润等财务信息。

2. 种类

会计信息从其加工程度和使用层次上来看，可分为以下三大类。

（1）财务信息。财务信息是指企业过去已经发生的经济活动信息，即凭证、账簿和会计报表中所反映的内容和数据。例如，货币资金期末余额为 107 万元，应收账款本期发生额为 45 万元，本期实现净利润为 88 万元等。

（2）管理信息。管理信息是指企业管理所需要的特定信息。它通常是在财务信息的基

础上进行汇总、分析、计算等形成的，例如资产负债率、流动比率、存货周转率、销售净利率、现金流量比率等。

(3) 决策信息。决策信息是指企业为未来预测与决策活动提供的有关信息。它通常是在财务信息和管理信息的基础上，结合其他信息（如国家政策、网络信息、市场调查），运用一定的管理方法，得到决策未来经济活动的有关信息。例如，预测资金需要量、编制生产计划、调整投资规模等。

（三）会计数据与会计信息的关系

会计数据与会计信息之间既相互联系，又相互区别，其关系表现为以下两个方面。

1. 先后之别

从根源上来讲，先有会计数据，后有会计信息。会计信息是根据会计数据加工而产生的，会计数据属于原始数据，会计信息属于加工数据，没有会计数据也就没有会计信息。

2. 相互转换

从加工过程来看，会计信息本身也是一种会计数据。会计信息按照用户的特定需要还可以进一步加工生成新的会计信息，被加工的会计信息相对于新生成的会计信息就是会计数据。可见，会计数据和会计信息是一组相对的概念，可以相互转换。例如，记账凭证相对于原始凭证就是会计信息，但对会计账簿来说，它则是会计数据；会计账簿相对于记账凭证就是会计信息，但对会计报表来说，则是会计数据。

（四）会计信息系统

1. 信息系统

系统是指为实现某种特定目的而建立的由一系列彼此相关、相互联系的若干要素组成的一个有机整体。信息系统就是对数据进行处理，生成特定信息的一种系统。虽然各种信息系统提供的信息有所不同，但作为一个信息系统都应具有采集数据、加工数据、存储数据、传递数据和输出信息五个基本功能。

2. 会计信息系统

会计主要是对经济业务发生后产生的有关数据进行一系列处理的过程，它依次包括取得原始凭证、编制记账凭证、登记会计账簿、编制会计报表和进行财务报告等五项工作。有序的会计工作之间相互依存，环环紧扣，与信息系统的基本功能及其顺序一一对应，充分体现了会计本身就是一个信息系统。

综上所述，会计信息系统就是利用数据处理技术对会计业务数据进行采集、加工、存储和处理，并为用户提供会计信息的系统，其英文缩写为 AIS（Accounting Information System）。

二、会计信息系统的性质

（一）会计信息系统的特征

在信息化时代，每个单位都要建立管理信息系统，它通常包括会计信息系统、物资管理信息系统、生产管理信息系统、技术管理信息系统、销售管理信息系统、劳动人事管理信息系统等子系统，其中会计信息系统是单位管理信息系统中最为重要的一个子系统。

会计信息系统与管理信息系统中的其他子系统相比，具有以下五个方面的特征。

1. 数据量非常大

会计信息系统以货币为主要单位，对生产经营活动进行系统、连续、全面、综合地核算和监督。在企业经营活动中，每一项具体品种、规格的材料物资、机器设备、工具器具的增减变动，每一笔现金、存款、应收、应付以及大大小小的收支，不分多少都要纳入会计信息系统，同时还要经过加工处理，求得全面反映各项财务状况和经营成果的综合性数据。会计数据计算不仅要非常详细，而且需要长时间存储，因而会计信息系统的数据量非常大，一般占管理信息系统数据总量的70%~80%。

2. 数据结构复杂

会计信息系统对经济活动主要是从资产、负债、所有者权益、成本和损益五个方面进行反映。在复式记账方法下，会计数据在这五个方面既有内部的纵向联系，又有相互间的横向联系。同时，为了满足经济管理的需要，不仅要进行总分类核算，还要进行明细和序时核算，并且相互一致。

3. 数据处理方法规范

为了使不同单位之间以及同一单位不同时期的会计数据具有可比性，财政部对会计信息系统要处理的各项经济业务，都规定了一套必须严格遵守的准则、制度和方法。例如，固定资产折旧、存货计价、成本计算、收入确认、利润分配、报表编制等会计业务的处理方法和要求，在会计制度中都做了相关的规定，并且必须严格执行，不能随意更改。

4. 数据要求标准高

会计信息系统对数据的全面性、真实性、准确性和及时性要求很高。在单位供应、生产、销售和分配等各种经济活动中，必然会涉及资金的投入与退出、耗费与收回，这些资金的流动和变化不仅要进行会计核算，还要采取内部日常审核、外部审计监督和工作中互相牵制等措施确保原始收集的数据、产生的中间数据与输出的最终信息的真实性，同时还要利用会计原理中的三大平衡和四种核对以保障会计信息的准确性。为了提高会计信息的有用性，会计制度要求账务要日清月结、财务要按时报告。

5. 数据安全隐患多

会计信息系统主要反映企业财务状况和经营成果等方面的数据，有些数据需要保密，不得随意泄露，有些数据需要安全可靠地保管，不能被破坏和遗失。特别是在信息化时代，网络财务软件的应用使动态、开放的会计信息系统越来越多地面临黑客的威胁。因此，单位应采用各种有效措施，加强防范与管理，保证会计信息系统的安全可靠。

会计信息系统与传统手工会计相比较，在会计方法、会计规范、会计主体和会计目标等方面都基本相同，但二者之间也存在着显著的区别，主要表现在以下五个方面。

（1）数据处理自动化。手工会计处理数据的工具主要是算盘和计算器等，而会计信息系统中则是以计算机和网络通信技术为主要工具来处理会计数据的，财务人员只要把采集的原始会计数据按照规定的格式和要求输入计算机，剩下的大量数据计算、分类、存储、传输、输出、检索等工作，便可由计算机自动、高速地来完成。这一特征也是会计信息系统其他特征产生的根源。

（2）信息存储隐形化。在手工会计中，会计数据的存储介质是看得见、摸得着的纸张介质，表现为一沓沓凭证、一本本账簿和一张张报表，保管难度大，占用空间较多，查找不便。而会计信息系统则是用磁性介质（硬盘、软盘）或光盘来隐形化存储信息，会计信息以文件的形式存储于光磁介质上，人们不能直接识读，只能通过计算机及相应的软件编译后才能看到。光磁介质存储信息具有信息量大、体积小、查询速度快、易复制和删除等特点。

（3）账务处理程序统一化。在手工会计中，根据登记总账的依据不同，通常有记账凭证、汇总记账凭证和科目汇总表等各种账务处理程序，各单位应根据会计业务的繁简程度和财务管理要求从中选取一种来使用。在会计信息系统中，为了保证数据的一致性，便于修改和维护，要求统一采用记账凭证账务处理程序。同时，会计信息系统也兼容了其他账务处理程序，用户能够查询科目汇总表和汇总记账凭证等会计信息。

（4）数据处理集中化。手工会计要将会计工作按照不同性质的会计业务划分成一系列专业岗位，进行分组核算，一般设立有工资核算、材料核算、成本核算、销售核算和账务处理等岗位，对数据采用分散收集、分散处理和重复登记。会计信息系统则是按照数据加工处理的流程进行分工组织，通常划分为数据收集审核组、数据输入组、数据输出组和系统维护组等，实行了数据集中收集、统一处理和信息共享使用。

（5）内部控制全面化。在手工会计中，为了保证会计数据的真实性和准确性，主要采用试算平衡、核对账目等方法，进行多人员和多环节的组织控制。实施会计信息系统后，大量的会计业务处理是在财务软件程序控制下由计算机系统自动来完成的，靠账簿之间互相核对来实现的差错纠正控制已经不复存在，计算机在硬件和软件结构、环境要求、文档保存等方面的特点决定了会计信息系统的内部控制必然增加新的内容。这样一来，内控范围就从单纯的组织控制扩展为操作控制和程序控制相结合的全面控制。

（二）会计信息系统的作用

单位实施会计信息系统对于提高会计核算质量，促进会计职能转变，提高企业经济效益等具有重要作用。

具体表现为三个提高和两个推动，共五个方面。

1. 减轻会计人员劳动强度，提高会计工作效率

实施会计信息系统后，只要把采集的会计数据按照规定的格式和要求输入计算机，剩下的大量数据计算、分类、存储、传输、输出、检索等工作，如审核签字、记账、对现代会计信息系统教学改革途径研究账、试算平衡、账龄分析和编制报表等，便可由计算机自动、高速地完成。这样，不仅可以把广大的会计人员从繁重的记账、算账、报账工作中解脱出来，而且可以提高会计工作效率。

2. 促进会计工作规范化，提高会计工作质量

在会计信息系统中，为了保证会计数据输入、处理的正确性，采用了大量的技术手段对会计数据进行检测，从而对会计数据的来源提出了一系列规范化的要求，不符合要求的数据将不被接收，数据处理过程是在严格遵循会计制度规定编制的程序控制下进行的。这在很大程度上解决了手工会计中不规范、易出错、易遗漏等操作问题，促使会计基础工作更加规范，如借贷不平衡的凭证系统不予保存、未审核的凭证不能记账，有未记账的凭证不能结账、本月结账后不能再进行凭证日常处理等，从而使会计工作质量得到进一步提高。

3. 促进会计职能转变，提高会计人员素质

实施会计信息系统后，工作效率的提高使会计人员能够腾出更多的时间和精力来参与企业经营管理，利用财务软件使财务会计及其管理工作从事后监督转变为事先预测和事中控制，使会计职能由原来的核算和监督扩展到预测、决策、控制、分析职能，会计职能的增强真正发挥了会计的管理功能。财务软件是会计信息系统的中枢和核心，不但要求广大会计人员熟悉会计专业知识，而且还要掌握财务软件的操作技能，同时还应具备查错纠正和排除故障的系统维护能力。这种全面的知识结构与复合的专业技能，大大提高了会计人员的综合素质。

4. 促进会计理论研究，推动会计管理制度改革

会计信息系统不仅是会计数据处理手段的变革，而且还对会计核算对象、结算周期、

账务处理程序、凭证编制方法、账簿登记要求和审计程序等方面产生了深远的影响。这就为会计理论研究和改革开辟了新领域，提出了新问题，有些会计理论不仅已经过期淘汰，甚至还被批判和颠覆。

5. 促进信息化技术应用，推动企业实现信息化

会计信息系统是企业管理信息系统的重要组成部分，一般来说，会计信息占整个企业管理信息的 2/3 以上，且大都是综合性的信息。会计信息系统的率先实施，为企业实现管理信息化奠定了重要的基础，将带动和加速整个企业信息化的最终实现。局域网络和广域网络的建立与开通，为整个企业实现经济信息资源共享、提高经济信息的使用价值提供了良好的技术条件。

三、会计信息系统的类型

（一）按层次划分会计信息系统

1. 核算型会计信息系统

核算型会计信息系统一般由账务处理、销售及应收、采购及应付、存货核算、工资核算、固定资产核算、报表、领导查询等子系统构成，它注重对经济业务的事后反映。

2. 管理型会计信息系统

管理型会计信息系统注重预算管理，制订计划，在执行过程中进行控制，对执行情况进行检查，对数据进行分析等，扩展了会计信息系统的职能，使其从简单的事后核算转变为事前计划、事中控制、事后核算和分析。

3. 决策型会计信息系统

决策型会计信息系统是在核算型会计信息系统和管理型会计信息系统的基础上，进一步为经营决策者的决策提供帮助，使决策者做出科学的决策。

通常所说的会计信息系统一般指核算型会计信息系统和管理型会计信息系统，而把决策型会计信息系统归入企业决策支持系统之中。

（二）按单位类型划分会计信息系统

1. 工业企业会计信息系统

工业企业的特点是它要对购进的商品（原材料）进行加工，使之成为产成品，然后进行销售。工业企业的特点决定了工业企业的会计信息系统主要对其产、供、销过程进行核算、反映和控制，因此，必然需要建立与生产过程有关的会计子系统。尽管不同的生产特点要求不同的核算方法，但其核算的内容却大同小异，因此，其子系统划分的方法基本

一致。

2. 商业企业会计信息系统

商业企业主要从事商品的采购与销售活动，因此有关材料、原料方面的核算很少甚至没有，固定资产管理要求比较简单，成本计算方法单纯，工作量少，但商品采购业务、存货管理、销售业务等方面的工作量较大。

3. 其他类型的会计信息系统

对各种定位的会计信息系统来说，他们之间有一定的差别，但基本模块大致是一致的，不同之处主要体现在管理的要求、模块的复杂程度上。一般来说，账务、工资、固定资产、报表等模块是基本可以共用的，差异不是很大。专用性最强的是成本核算模块和其他一些根据管理特点设计的专用性模块。

四、会计信息系统中各个子系统的功能及关系

（一）账务处理子系统

账务处理子系统是会计软件的核心系统，它以输入系统的会计原始数据或电子记账凭证为基础，按会计科目、统计指标体系对其所反映的经济内容进行记录、分类、计算、加工、汇总，输出总分类账、明细分类账、日记账及其他辅助账簿、凭证和报表。账务处理子系统完成手工账务处理的记账、算账、对账、转账、结账工作。生成日记账、总账和除各子系统生成的明细账之外的全部明细账。一些账务处理子系统还具备出纳管理、银行对账和往来账管理的功能。一般账务处理子系统还具备部门核算和项目核算的功能，以及相应的自定义核算项目功能。

其主要功能有初始建账，凭证的输入、修改、审核、记账、查询及汇总，日记账、总分类账及明细分类账生成、查询及打印，期末结账等。

（二）工资核算子系统

工资核算子系统主要进行工资的修改、计算、发放，以及工资费用的汇总和分摊等工作，并生成工资结算单、职工工资发放条、工资结算汇总表、工资费用分配汇总表、票面分解一览表、职工福利费计提分配表等，自动编制工资转账凭证传递给账务处理子系统。部分工资子系统还有人事基本信息、考勤信息、工资历史信息等基本信息管理，工资代储、个人所得税计算、养老保险及个人收入台账等处理功能。

其主要功能有工资初始设置，职工工资基础资料编辑，工资增减变动及工资数据编辑，工资计算汇总，生成工资转账凭证，各种工资单、工资汇总表及发放表查询打印等。

（三）固定资产核算子系统

固定资产核算子系统主要是用于固定资产明细核算及管理。该子系统实现固定资产卡片管理、固定资产增减变动核算、折旧的计提与分配等工作，生成固定资产卡片、固定资产统计信息表、固定资产登记簿、固定资产增减变动表、固定资产折旧计提表，并自动编制转账凭证供账务处理子系统使用。

其主要功能有固定资产卡片结构设置、固定资产分类编码设置、固定资产折旧方法定义、固定资产凭证定义、固定资产卡片输入及变动修改、固定资产变动资料输入、固定资产折旧的计算、固定资产明细账查询打印、固定资产计算、固定资产增减查询等。

（四）存货核算子系统

存货核算子系统可分为存货核算、材料存货库房管理、材料核算账务处理、材料采购发票的处理四大类功能。

（五）成本核算子系统

成本核算子系统可以实现各种费用的归集和分配，及时准确地计算出产品的总成本和单位成本，并自动编制转账凭证供账务处理子系统使用。

其主要功能有产品目录结构设置，产品产量等统计数据录入，成本有关数据收集，费用汇总分配，成本计算，产品成本汇总表及主要产品单位成本表计算、查询、打印，成本转账凭证生成等。

（六）销售核算子系统

销售核算子系统一般要和存货子系统中的库存商品核算相联系，实现对销售收入、销售费用、销售税金、销售利润的核算。生成销售明细账、发出商品明细账、应收账款明细账、销售费用明细账、销售成本明细账、销售收入、税金、利润汇总表、销售利润明细表等，并可自动编制凭证供账务处理子系统使用。

其主要功能有合同管理录入、查询、修改，往来单位编码管理，商品代码管理，人员编码管理，未核销业务初始录入，发票录入、修改及记账，收款单录入、修改及记账，应收账款自动及手动核销，应收账款总账及各种销售明细账，账龄分析表的查询及打印，销售转账凭证定义生成等。

第二节 会计信息系统的模式和基本要求

一、会计信息系统的模式

（一）影响会计信息系统的因素

会计信息系统是比较规范的系统，主要表现在有规范的会计准则、会计制度，并按业务分为账务与报表、工资、固定资产、往来、采购、成本、销售等，分别组织核算。规模较大的单位在具体组织业务时，按资金、成本、综合、销售、财务等业务分工设置部门；规模中等的单位则只成立不分下属部门的财务管理部门；小单位只有一两个会计人员，只成立会计室；再小的单位则请兼职会计人员或代理记账公司完成会计核算工作。因此，影响会计信息系统的因素主要有以下几个方面。

1. 规模的大小

主要指人数、固定资产规模、产值产量、销售业务量、管理的组织模式。在不同的规模下，会计的业务量不同，会计的要求也不同。比如在小规模的单位里，主要是手工作坊式的管理，会计业务量不大，只需要完成账务和报表的处理，其他核算非常简单，会计人员也只有几个人，甚至一个人。

2. 会计业务的组织形式

随着规模的扩大，在业务上需要分工，规模越大，分工越细。分工的形式一般是按业务内容分成几个组（室、科、处），在每个组内又按业务内容分工，由若干人完成。

3. 单位内部的组织形式

会计信息化的物理组织模式一般分为两种：一种是集中核算组织模式，在这种组织模式下，各业务核算部门的房间一般都相邻。另一种是分散组织模式，在这种模式下，某些核算科室相距较远（如销售核算部门与销售业务部门在一起等）。

4. 对业务分析的要求

在不同规模的单位里，对业务分析的要求不同。小规模的单位，由于业务量小，数据不多，并不需要计算机辅助分析和管理，会计信息化的目的主要是用计算机替代手工记账和完成报表的编制工作；中等规模的单位，业务分工较细，需要各个核算模块辅助会计核算；大规模的核算单位，业务分工很细，数据最大，对会计提供信息的速度和质量都有较高要求，各个业务核算科、部门之间往往有一定的距离，必须有各核算模块辅助整个会计核算。

（二）应用会计信息系统的层次

1. 基本应用层

基本应用层主要是账务和报表的应用。其他核算如工资、固定资产等业务处理量很小，非常简单，一般不用单独核算，只设立辅助账进行核算就可以了。

2. 核算应用层

核算应用层主要是账务与报表、工资、固定资产、材料采购核算、往来核算、成本核算、销售核算。主要任务是完成日常会计核算，基本实现会计信息化。

3. 管理应用层

一些大中型规模单位，经济过程十分复杂，数据量大，光凭人脑已难以分析。在这一层上，主要是对核算后生成的数据进行分析，基本方法是对比、差额、比率和应用一些分析模型进行资金、成本、利润等的分析和管理。在应用模块上，就需要全面预算、资金管理、资产管理、合并报表等。同时，还需要和 ERP 一体化，实现生产经营、财务管理的集中管理。

4. 决策支持应用层

决策支持系统是为克服管理信息系统的不足而发展起来的直接针对决策层，为中高级领导提供有效的决策支持的信息系统。会计决策支持系统是决策支持系统的一个分支，模型库中主要存放预测、计划、分析、投资等方面的基本模型。

（三）会计信息系统规模

1. 小规模会计信息系统

小规模会计信息系统以账务为核心，主要完成记账、算账、报表等核算工作。对于其他如固定资产、材料等只设辅助账核算，而工资计算等一般使用一个通用的表处理软件进行辅助计算。

在技术上，一般就是单机或几台机器构成的简单小型网络系统。

2. 中等规模会计信息系统

中等规模会计信息系统具备会计信息系统各个核算模块，其主要目的是进行核算工作和基本的分析与管理工作。

在技术上，一般是一个较大的局域网络系统，或者还存在部分跨地域的管理系统。

3. 大规模会计信息系统

大规模会计信息系统要求功能复杂，数据量大，在网络系统下，既要求充分实现数据共享，又要求各业务核算岗位能独立处理，有的还有并账和合并报表、全面预算、资金管理等模块要求。

在技术上，一般是基于互联网的跨地域系统，通过数据大集中的方式，实现分布式业务处理与集中管理。

（四）会计信息系统的物理组织模式

1. 单机组织模式

单机组织模式是在一台计算机上运行会计信息系统，这种模式的优点是维护简单，投资很少，适用于业务量不大的单位使用。该模式的缺点比较多，包括：①每次仅能一人上机处理数据，不方便；②不能同时处理多项业务，实时性差；③已生成的会计信息，仅能在一台计算机上利用，信息的共享性差；④一台计算机能处理的会计业务项目、会计业务有限，对业务量大或需要多项会计业务开展会计信息化的单位不可行。

2. 多用户组织模式

多用户组织模式是以一台高档微机为主机（也可用大中型计算机），另根据需要连接若干终端实现数据的集中处理。这种模式的优点是维护简单，可靠性高，投资也较少，能够实现会计数据的实时处理。缺点是运行效率受主机影响很大，对挂接的终端数量有限制，而且只要主机有问题，就会全部瘫痪，这种模式适用于业务处理量不是很大的单位。如果主机采用大中型计算机，就能实现大中型规模应用，但相应的投资和维护费用就会大大提高。

3. 网络组织模式

网络组织模式是以一台高档微机为服务器，根据需要连接若干工作站。这种模式的缺点是投资相对较高，维护难度相对较大。其优点有：①处理的所有数据都存放在服务器内，可以共享；②可多人同时操作对一项业务或多项业务进行处理，实时性好；③可将会计业务之间的联系体现在一套会计软件系统中，充分体现了会计是一个信息系统的特点；④工作站的数量可以达到几百甚至上千个，适应性较强；⑤可通过互联网或专线实现局域网之间的连接，实现一个较大的网络数据处理系统。对于大型单位和跨地区的单位，它都是一种比较好的组织模式。

（五）集团会计信息系统模式

集团结构的组织是一种垂直模式，由基层单位、中间单位的会计信息系统和集团会计信息系统构成。

在集团会计信息系统中，全面预算和资金管理是属于业务运行管理和监控的系统，其主要管理内容如下。

1. 全面预算

企业编制适合企业自身的预算，满足管理者的需求，同时起到责、权、利均衡的作用，十分重要。全面预算管理是由一系列预算构成的体系，各项预算之间相互联系，关系比较复杂，很难用一个简单的办法准确描述。全面预算管理是以企业的经营目标为基础，以销售额为出发点，进而延伸到生产、成本、费用和资金收支的各个方面，最后编制预算财务报表的一种整体预算。

其特点是以销定产，使预算的每一个部分、每一项指标围绕着企业经营决策所确定的目标利润来制定。具体编制全面预算时，应先编制营业预算和专门决策预算。在营业预算中，又应首先编制销售预算，然后依次编制生产预算、直接材料预算、直接人工预算、制造费用预算、期末存货预算、销售及管理费用预算等，同时编制各项专门决策预算。最后，根据业务预算和专门决策预算再编制财务预算。各项预算相互牵制、互为因果。

2. 资金管理

作为集团企业，资金的管理极其重要，主要包括以下四个方面：①加强资金预算和资金分析。对开户单位的资金流动做到事前预算、事中控制和事后分析。利用先进的计算机信息技术，自动产生资金日报，加强资金分析，辅助领导科学决策。②有效地利用资金沉淀，降低财务费用；通过资金运作，发挥集团资金效益。③优化流程，提高效率。简化业务流程，将结算中心的业务前移，提高结算中心的工作效率。④加强资金监控。对资金使用情况进行全过程的监控，确保资金安全运行。

二、会计信息系统的基本要求

对会计信息系统的基本要求，就是会计软件设计应达到的基本要求。基本要求可以理解为对会计软件的合法性要求。一个会计软件达不到这些要求，就不能说是合法的。

（一）总的要求

会计软件不同于一般的软件，由于会计数据的特殊性，必须要求会计软件的设计应符合我国法律、法规、规章的规定，保证会计数据合法、真实、准确、完整，从而有利于提高会计核算工作效率。

会计软件应当按照国家统一会计制度的规定划分会计期间，分期结算账目和编制会计报表。由于中外合资企业和部分特殊企业需要按其他会计期间提供数据，因此，会计软件应根据用户需要同时具有提供按照其他会计年度生成参考性会计资料的功能。

会计软件在设计性能允许使用范围内，不得出现由自身原因造成死机或非正常退出等情况。

（二）会计数据的输入

1. 输入的手段

会计软件的会计数据输入采用键盘手工输入、介质转入和网络传输等几种形式。

2. 初始化功能

输入会计核算所必需的期初数据及有关资料，包括总分类会计科目和明细分类会计科目名称、编号、年初数、期初累计发生额及有关数量指标等。

输入需要在本期进行对账的银行对账单。

选择会计核算方法，包括记账方法、固定资产折旧方法、存货计价方法、成本核算方法等。

定义自动转账凭证（包括会计制度允许的自动冲回凭证等）。

输入操作人员岗位分工情况，包括操作人员姓名、操作权限、操作密码等。

初始化功能运行结束后，会计软件必须提供必要的方法对初始数据进行正确性校验。

3. 合法性要求

会计软件中采用的总分类会计科目名称、编号方法，必须符合国家统一会计制度的规定。

会计软件应当提供输入记账凭证的功能，输入项目包括填制凭证日期、凭证编号、经济业务内容摘要、会计科目或编号、金额等。输入的记账凭证的格式和种类应当符合国家统一会计制度的规定。

（三）会计数据的处理

1. 会计账簿

会计软件应当提供根据审核通过的机内记账凭证及所附原始凭证登记账簿的功能。在计算机中，账簿文件或者数据库可以设置一个或者多个。

根据审核通过的机内记账凭证、计算机自动生成的记账凭证或者记账凭证汇总表登记总分类账。

根据审核通过的机内记账凭证和相应机内原始凭证登记明细分类账。

总分类账和明细分类账可以同时登记或者分别登记，可以在同一个功能模块中登记或者在不同功能模块中登记。

会计软件可以提供机内会计凭证审核通过后直接登账或成批登账的功能。

机内总分类账和明细分类账在登记时，应当计算出各会计科目的发生额和余额。会计软件应当提供自动进行银行对账的功能，根据机内银行存款日记账与输入的银行对账单及适当的手工辅助，自动生成银行存款余额调节表。

2. 会计核算方法

通用会计软件应当同时提供国家统一会计制度允许使用的多种会计核算方法，以供用户选择。会计软件对会计核算方法的更改过程，在计算机内应有相应的记录。

3. 会计报表处理

会计软件应当提供符合国家统一会计制度规定的自动编制会计报表的功能。通用会计软件应当提供会计报表的自定义功能，包括定义会计报表的格式、项目、各项目的数据来源、表内和表间的数据运算和核对关系等。

4. 结账

会计软件应当提供机内会计数据按照规定的会计期间进行结账的功能。结账前，会计软件应当自动检查本期输入的会计凭证是否全部登记入账，全部登记入账后才能结账。

机内总分类账和明细分类账可以同时结账，也可以由处理明细分类账的功能模块先结账，处理总分类账的功能模块后结账。

机内总分类账结账时，应当与机内明细分类账进行核对，如果不一致，总分类账不能结账。

结账后，上一会计期间的会计凭证即不能再输入，下一个会计期间的会计凭证才能输入。

5. 跨年处理

会计软件可以提供在本会计年度结束，但仍有一部分转账凭证需要延续至下一会计年度第一个月或者第一个季度进行处理，而没有结账时，输入下一会计年度第一个月或者第一个季度会计凭证的功能。

（四）会计数据的输出

1. 会计数据查询

会计软件应当提供对机内会计数据的查询功能。

查询机内总分类会计科目和明细分类会计科目的名称、编号、年初余额、期初余额、累计发生额、本期发生额和余额等项目。

查询本期已经输入并登账和未登账的机内记账凭证、原始凭证。

查询机内本期和以前各期的总分类账和明细分类账簿。

查询往来账款项目的结算情况。

查询到期票据的结算情况。

查询出来的机内数据如果已经结账，屏幕显示应给予提示。

2. 会计账簿和报表的打印

会计软件应当提供机内记账凭证打印输出的功能，打印格式和内容应当符合国家统一会计制度的规定。

会计软件可以提供机内原始凭证的打印输出功能，打印输出原始凭证的格式和内容应当符合国家统一会计制度的规定。

会计软件必须提供会计账簿、会计报表的打印输出功能，打印输出的会计账簿、会计报表的格式和内容应当符合国家统一会计制度的规定。

第三节　会计信息系统的结构与功能

由于企业性质、行业特点以及会计核算和管理的需求的不同，会计信息系统所包含的内容不尽相同，其子系统的划分也不尽相同。一般认为，会计信息系统由三大子系统组成，即财务系统、购销存系统、管理决策系统。每个系统又进一步分解为若干子系统。

一、会计信息系统结构和功能

（一）会计信息系统结构

1. 会计信息系统的物理结构

会计信息系统是一个人机系统，从系统的物理组成分析，它是由硬件设备、软件、人员、规程和数据等要素组成。下面简要介绍这些组成部分。

（1）硬件设备。硬件设备包括电子计算机、服务器、网络、接口、外设及其他专用设备等。一个企业的业务处理规模、现有设备状况、选用的计算机系统模式等因素是配置硬件设备的主要依据。

在早期的会计信息系统中，常见的硬件结构有单机结构和多用户联机结构。单机结构是指整个系统只配置一台或数台相互独立的微机及相应外设的结构，所有数据集中输入、处理、存储和输出。多用户联机结构是指整个系统配置一台高档微机或小型机，并配有多个终端。采用分散输入数据、集中处理的方式，数据共享性好，但系统不易扩展，可靠性差。

现代会计信息系统的硬件结构多采用计算机网络结构。计算机网络结构是指以能够相互共享硬件、软件、数据资料的方式连接起来的，各自具备独立功能的计算机系统的集合。在20世纪90年代中期以前，常用的是微机局域网（LAN）结构，如NOVELL网等。

微机局域网一般由网络服务器、工作站、网络接口卡和通信电缆等基本硬件组成。这种结构适合于需分散处理、远程查询较少的大型企事业单位的会计数据处理。在20世纪90年代中期以后，一种新的功能更强的网络结构，即客户机/服务器（C/S）结构开始在会计信息系统中应用。客户机/服务器结构是一种分布式计算机结构，它将客户机和服务器两种设备通过局域网紧密联系在一起，具有较高的数据处理、数据管理和系统扩展功能，是大中型企事业单位计算机系统选购的理想模式。

进入21世纪以后，随着互联网应用的迅速发展，基于互联网的浏览器 / 服务器（B/S）结构开始出现，它不仅具有远程实时处理功能，更主要的是支持电子商务，实现与业务的一体化处理。

（2）软件。软件分为系统软件和应用软件。系统软件是由机器设计者配置提供的，用来使用和管理计算机的软件，如各种操作系统、数据库管理系统、高级语言、软件开发工具等软件。应用软件是用户利用计算机以及它所提供的各种系统软件，编制解决用户各种实际问题的程序。会计应用软件包括商品化会计软件和定点开发专用软件。

（3）人员。人员一般是指直接开发、使用、维护计算机系统的人。这些人员包括系统分析员、程序员、硬件维护员、系统管理员、数据录入员、系统操作员等。

（4）规程。规程是指用来管理和控制系统运行的各种规定、制度，如系统操作手册、各种内部管理制度等。

（5）数据。数据（信息）是系统处理的对象和目的。在会计信息系统中，数据一般是以数据库等文件形式存放在计算机存储设备中。作为存档的会计数据一般要打印输出，包括凭证、账簿、报表等。

2. 会计信息系统的功能结构

会计信息系统的功能结构取决于具体的软件系统，不同的软件系统或同一软件不同时期版本或不同企业版本，其功能结构都是不同的。下面介绍具有典型意义的三类系统的功能结构。

（1）国内会计数据处理系统功能结构。多年来，我国的会计信息系统一直是作为一个独立的系统在发展，尽管近年来许多软件公司也陆续推出自己的ERP系统，但在大多数中小型企业中，基于核算功能的会计信息系统仍占主导地位。由于在国内会计软件的发展过程中，政府主管部门很长时间内处于主导地位，因此，尽管会计软件很多，但功能结构和设计原理大同小异。

根据会计的职能，一般可把会计信息系统分为会计数据处理系统、会计管理系统和会计决策支持系统。在上述三个系统中，会计数据处理系统是基础，会计管理系统和会计决策支持系统是在会计数据处理系统所产生的正确信息的基础上进一步辅助管理和决策处理的。关于上述三个系统具体的功能划分尚没有统一的模式，具体构成一般受行业特点和具体企业管理要求的影响。其中，会计数据处理系统的功能结构相对规范。以工业企业为例，一般可包括存货、工资、固定资产、成本、应收应付、账务、报表七大子系统，它们以账务处理子系统为核心，通过机制记账凭证为接口连接在一起，构成一个完整的会计数据处理系统。在上述七大子系统中，存货子系统可以产生材料收付存汇总表、产成品收发存汇总表等盘存表，并通过这些盘存表做出有关的转账凭证。这些凭证一般由计算机自动编制，故也称机制记账凭证。这些凭证经确认后由计算机自动输入账务处理子系统。

同样，工资子系统可以产生工资分配汇总表，并做有关工资分配的机制记账凭证；固定资产子系统可以产生固定资产折旧提存表，并做有关折旧计提的机制记账凭证；成本子系统可以产生成本计算单，并做有关成本结转的机制记账凭证；应收应付子系统可根据有关的销售和结算原始凭证，做相应的机制记账凭证。这些机制记账凭证经确认后，都由计算机自动输入账务子系统。而报表子系统的数据，则一般是通过用户自定义的取数公式，自动从账务子系统中提取生成。

（2）SAP R/3 管理系统功能结构。SAP 公司成立于 1972 年，总部位于德国沃尔多夫市，是全球最大的企业管理软件及协同商务解决方案供应商、全球第三大独立软件供应商。SAP 在全球 50 多个国家拥有分支机构，并在多家证券交易所上市，包括法兰克福证券交易所和纽约证券交易所。客户遍布全球 120 多个国家，财富 500 强 80% 以上的企业都正在从 SAP 的管理方案中获益。SAP R/3 系统为支持客户机 / 服务器结构的产品，目前国内管理软件厂商开发的主流 ERP 软件、国外管理软件厂商在国内大型企业中实施的 ERP 项目，其功能结构总体上仍处于 SAP R/3 层次。

（3）SAP 协同商务系统功能结构。SAP 协同商务系统是基于互联网的浏览器/服务器结构的产品，它反映着信息化时代 ERP 的发展方向。典型的 SAP 协同商务系统由下列子系统组成：①企业门户；②客户关系管理；③供应链管理；④交易管理；⑤供应商关系管理；⑥商业智能；⑦产品生命周期管理；⑧人力资源管理；⑨财务管理；⑩移动商务；⑪托管管理。

（二）会计信息系统功能

由于企业性质、行业特点及其会计核算和管理需求的不同，会计信息系统所包含的内容不尽相同，其子系统的划分也不尽相同。下面以管理型会计信息系统为代表，从总体角度出发，阐述较完整的会计信息系统应该具备的基本功能。一般将会计信息系统分为财务会计和管理会计两大职能系统，并且由于我国长期独立开发会计软件，所以许多会计软件都具有一定的购销存业务处理与管理功能。

因此，管理型会计信息系统由三大系统组成，即财务系统、购销存系统、管理与决策系统。每个系统又进一步分解为若干子系统。由于系统与子系统是一个相对的概念，所以为了叙述的方便也常常把子系统简称为系统。

1. 财务系统

财务系统主要包括总账子系统、应收子系统、应付子系统、工资子系统、固定资产子系统、成本管理子系统、资金管理子系统、报表子系统等。

（1）总账子系统。总账子系统是以凭证为原始数据，通过凭证输入和处理，完成记账和结账、银行对账、账簿查询及打印输出以及系统服务和数据管理等工作。近年来，随着用户对会计信息系统的需求不断提高和软件开发公司对总账子系统的不断完善，许多商品化总账子系统还增加了个人往来款核算和管理、部门核算和管理、项目核算和管理等辅助核算及出纳管理等功能。

（2）应收子系统。应收子系统完成对各种应收账款的登记、核销工作；动态反映各客户信息及应收账款信息；进行账龄分析和坏账估计；提供详细的客户和产品的统计分析，帮助财会人员有效地管理应收账款。

（3）应付子系统。应付子系统完成对各种应付账款的登记、核销以及应付账款的分析、预测工作；及时分析各种流动负债的数额及偿还流动负债所需的资金；提供详细的客户和产品的统计分析，帮助财会人员有效地管理应付款项。

（4）工资子系统。工资子系统是以职工个人的原始工资数据为基础，实现职工工资的计算，工资费用的汇总和分配，计算个人所得税，查询、统计和打印各种工资表等功能。工资子系统还实现对企业人力资源的部分管理。

（5）固定资产子系统。固定资产子系统主要是对设备进行管理，即存储和管理固定资产卡片，灵活地进行增加、删除、修改、查询、打印、统计与汇总，进行固定资产的变动核算，输入固定资产增减变动或项目内容变化的原始凭证后，自动登记固定资产明细账，更新固定资产卡片，完成计提折旧和分配，产生“折旧计提及分配明细表”“固定资产综合指标统计表”等，费用分配转账凭证可自动转入账务处理子系统，可灵活地查询、统计和打印各种固定资产相关账表。

（6）成本管理子系统。成本管理子系统是根据成本核算的要求，通过用户对成本核算对象的定义，对成本核算方法的选择以及对各种费用分配方法的选择，自动对从其他系统传递的数据或用户手工录入的数据进行汇总计算，输出用户需要的成本核算结果或其他统计资料。随着企业成本管理意识的增强，很多商品化成本子系统还增加了成本分析和成本预测功能，以满足会计核算事前预测、事中控制和事后分析的需要。成本分析功能包括：

对分批核算的产品进行追踪分析，计算部门的内部利润，与历史数据对比分析，分析计划成本与实际成本的差异。成本预测功能包括：运用移动平均、年度平均增长率对部门总成本和任意产量的产品成本进行预测，满足企业经营决策的需要。

（7）资金管理子系统。随着市场经济的不断发展，资金管理越来越受到企业管理者的重视，为了满足资金管理的需求，目前有些商品化软件提供了资金管理子系统。资金管理子系统实现工业企业或商业企业、事业单位等对资金管理的需求；以银行提供的单据、企业内部单据、凭证等为依据，记录资金业务以及其他涉及资金管理方面的业务；处理对内、对外的收款、付款、转账等业务；提供逐笔计息管理功能，实现每笔资金的管理；提供积数计息管理功能，实现往来存贷资金的管理；提供各单据的动态查询以及各类统计分析报表。

（8）报表子系统。报表处理子系统主要根据会计核算数据（如账务处理子系统产生的总账及明细账等数据）完成各种会计报表的编制与汇总工作；生成各种内部报表、外部报表及汇总报表；根据报表数据生成各种分析表和分析图等。随着网络技术的发展，报表子系统能够利用现代网络通信技术，为行业型、集团型用户实现远程报表的汇总、数据传输、检索查询和分析处理等功能，既可用于主管单位又可用于基层单位，支持多级单位逐级上报、汇总的应用。

2. 购销存系统

对工业企业而言，购销存系统包括采购子系统、存货核算子系统、销售子系统；对商业企业而言，还应包括符合商业特点的商业进销存系统。

（1）采购子系统。采购子系统是根据企业采购业务管理和采购成本核算的实际需要，制订采购计划，对采购订单、采购到货以及入库状况进行全程管理，为采购部门和财务部门提供准确、及时的信息，辅助管理决策。很多商品化会计软件将采购子系统和应付子系统合并为一个子系统——采购与应付子系统，以更好地实现采购与应付业务的无缝连接。

（2）存货核算子系统。存货核算子系统主要针对企业存货的收发存业务进行核算，掌握存货的耗用情况，及时、准确地把各类存货成本归集到各成本项目和成本对象上，为企业的成本核算提供基础数据；动态反映存货资金的增减变动，提供存货资金周转和占用的分析，为降低库存、减少资金积压、加速资金周转提供决策依据。

（3）销售子系统。销售子系统是以销售业务为主线，实现销售业务管理与核算一体化。销售子系统一般与存货中的产成品核算相联系，实现对销售收入、销售成本、销售费用、销售税金、销售利润的核算；生成产品收发结存汇总表等表格；生成产品销售明细账等账簿；自动编制机制凭证供总账子系统使用。

（4）商业进销存系统。商业进销存系统是以商品销售业务为主线，将商品采购业务、存货核算业务、销售业务有机地结合在一起，实现进销存核算和管理一体化的子系统。

3. 管理与决策系统

随着会计管理理论的不断发展及其在企业会计实务中的不断应用，人们越来越意识到会计管理的重要性，因此，对会计信息系统提出了更高的要求，不仅要求它能够满足会计核算的需要，还应该满足会计管理的需要，即在经济活动的全过程进行事前预测、事中控制、事后分析，为企业管理和决策提供支持。

因此，应将信息技术与管理会计方法有机融合，增加管理决策与报告子系统，不断丰富和完善会计信息系统。管理决策与报告子系统可以归纳为三个层级的功能：经营监控层、报告与分析层、业绩评价层。

（1）经营监控层。为了更好地发挥财会人员的控制职能，要应用各种先进的管理工具，如全面预算管理和责任中心管理等，因此，在会计信息系统中增加了预算管理和责任中心管理子系统。

（2）报告与分析层。各级管理者为了动态了解业务进展情况、分析业务发展趋势，每天都要查看各类管理信息，因此，在会计信息系统中增加了管理报告子系统。

（3）业绩评价层。业绩评价的目标是实施企业战略，业绩评价的核心是将企业经营的实际结果与其计划目标相比较，因此，会计信息系统增加了杜邦分析、经济增加值分析、平衡计分卡等功能模块，为企业提供综合、全面的业绩评价信息。此外，会计决策支持子系统也将纳入会计信息系统。决策支持子系统是利用现代计算机技术、通信技术和决策分析方法，通过建立数据库和决策模型，向企业的决策者提供及时、可靠的财务、业务等信息，帮助决策者对未来的经营方向和目标进行量化分析和论证，从而对企业生产经营活动做出科学的决策。

值得一提的是，不同的单位由于其所处的行业不同、会计核算和管理需求不同，其会计信息系统的功能结构和应用方案也不尽相同。因此，随着会计信息系统应用的不断深入，具有行业特征的会计信息系统（工业、商业、建筑业、金融业等）越来越受到关注。

二、会计信息系统的数据传递

在会计信息系统中，各个子系统之间的相互关系主要表现为数据传递关系，它是整个系统实现数据共享的前提和基础。

（一）数据传递关系

会计信息系统内部的各个子系统主要是以购销存业务核算为基础、以总账处理为核心、以财务管理为目标来传递数据的。

（二）数据传递类型

会计信息系统中各个子系统之间的数据传递类型有以下三种情况。

1. 单向发送数据

这类子系统只向其他子系统传递数据而不接收外系统发来的数据，例如薪资管理系统和固定资产系统等。

2. 单向接收数据

这类子系统只接收其他子系统传递的数据而不向外部发送数据，例如 UFO 报表系统等。

3. 双向传递数据

这类子系统既向其他子系统传递数据，又接收来自其他子系统的数据，例如总账处理系统、存货核算和成本管理系统等。

第四节　会计软件与会计信息化监督

从系统论的角度来看，会计是作为一种面向价值管理的信息系统而存在的。会计信息系统是依据会计学的基本理论和方法。利用计算机及网络通信技术对会计信息进行采集、加工、存储和传输，实现会计核算并为管理层等利益相关者提供管理和决策所需相关信息的一种信息系统，是企业管理信息系统的核心子系统。

一、会计软件

（一）会计软件及其主要功能

1. 功能是界定会计软件的核心标准

只有直接为会计核算、财务管理采集数据的软件，才属于会计软件范畴。所谓直接，是指数据采集后的下一步处理即属于会计核算、财务管理的职能范围，而不再经过其他业务职能处理。会计处于企业信息流的下游，很多系统采集的数据最终可能都会为会计所用，但不能因此而无限扩大会计软件范畴。会计软件应能生成会计凭证、账簿、报表等会计资料，不生成任何会计资料的软件不属于会计软件范畴。此外，会计资料的转换、输出、分析、利用功能，主要是指用于外部报告的相关功能，仅用于内部管理的相关功能，不属于会计软件功能范畴。

2. 会计软件表现形式的多样性

会计软件的表现形式可以是单独的软件（例如单机版软件）、软件系统（例如安装于服务器，通过网络系统部署适用的软件，也包括云服务软件）或者软件系统中的某些功能模块。

3. 会计软件具有专用性

会计软件是专为完成会计核算、财务管理目的而设计的，具有专用性。这里的专用性是从会计软件功能角度而言的，而不是指软件适用对象的专用性，因为现行会计软件大部分都是商品化的通用软件。在会计工作中，也会经常使用到其他软件。如 Excel，但这些软件不是专门为财务会计工作设计的，因此不属于会计软件范畴。

（二）会计软件的网络体系结构

1. 文件/服务器模式（F/S）

文件/服务器模式以文件服务器为核心，数据库和应用程序全部存储在文件服务器上。客户端执行应用程序时需要从服务器下载，因而网络传输负荷较重。该模式的软件一般使用的是小型的桌面数据库，数据的安全性无法得到可靠的保证，而且当多个客户端并发访问数据库时，很容易破坏数据的完整性，甚至出现死锁现象。同时，由于 F/S 体系结构的缺陷，当服务器的负荷超过某个阈值之后，其效率会出现明显的下降。因此，受数据库性能以及 F/S 计算模式的制约，该类软件不能有太多的用户，也不能进行大批量数据处理，属于网络软件的早期阶段，一般在中小企业应用。

2. 客户/服务器模式（C/S）

20 世纪 80 年代兴起的 C/S 体系结构的应用，是伴随着网络数据库（如 Oracle、SQLSever、Informix 和 Sybase 等）和 GUI 应用及开发技术的发展而逐渐形成的。在该模式下，用户交互界面和业务应用处理置于客户端，数据库访问及处理位于服务器，服务器与客户端之间通过消息传递机制进行对话，由客户端发出请求给服务器，服务器进行相应的处理后将结果返回客户端，对数据库的大量操作通过远程数据库访问方式交由后台数据库服务器完成，提高了用户交互反应速度，降低了客户端对 CPU 处理能力的要求。

这样的体系结构存在以下问题：由于应用处理交由客户端完成，导致在处理复杂应用时客户端应用程序仍显复杂，限制了对业务处理逻辑变化的适应能力和扩展能力，当访问数据量增大和业务处理复杂时，客户端往往会成为瓶颈；如果应用逻辑发生变化，必须修改客户端应用程序，并在每个客户端重新配置；由于采用远程数据库访问方式，客户端与后台数据库服务器数据交换频繁，当大量用户同时访问时，容易造成网络瓶颈；不适合复杂网络应用环境下对异构数据库的透明访问。

为了解决以上问题，可将客户端的一部分复杂业务处理逻辑交由后台数据库完成，这就形成了数据库服务器方式，从而减轻前台客户端的工作负荷，但仍然不能从根本上解决问题。“中间件”技术的产生及应用，为解决以上问题提供了可能。通过中间件技术，将用户交互、应用业务处理和数据库管理相分离，各司其职，形成了三层 C/S 体系结构。前台客户端负责用户交互和数据表征，后台数据库服务器（DS）负责数据访问和数据库管理，中间层应用服务器（AS）负责应用业务处理。在该种模式下，客户端、应用服务器和数据库服务器一个都不能少，客户端程序的运行依赖于应用服务器，对数据库的访问则依赖于数据库服务器。C/S 模式是目前会计软件所采用的主流网络体系结构。

3. 浏览器/服务器模式（B/S）

浏览器/服务器模式是 Web 兴起后的一种网络体系结构模式，Web 浏览器是客户端主要的应用软件，这种模式统一了客户端，将系统功能实现的核心部分集中到服务器上，简化了系统的开发、维护和使用，客户端只要安装一个浏览器，浏览器通过 Web 服务器与数据库进行数据交互。基于 B/S 结构的会计软件，使异地访问、移动办公、实时查询成为可能，也使集团公司的集中核算得以实现。

近年来移动互联网技术快速发展，给企业商业模式带来巨大冲击，企业正在迎来重大发展机遇，也在遭受前所未有的颠覆性挑战，在这一背景下，基于 B/S 模式和 C/S 模式的各类应用软件的普及将是大势所趋，当然也包括会计软件。

（三）会计软件的功能结构

从会计分支来看，会计软件应涵盖财务会计、管理会计和税务会计。财务会计主要完成会计核算工作，部分工作可采取财务业务一体化的方式，即业务驱动财务，基本零核算得以现实，会计软件的功能结构具体包括总账、工资管理、固定资产管理、应收款管理、应付款管理、存货核算等子系统。

管理会计（含财务管理）包括成本管理、资金管理、资产管理、预算控制等，信息化平台为管理会计思想落地提供了坚实的基础和保障，是今后一段时期企业会计信息化面临的主要任务。税务会计往往采取财税合一的方式在财务会计中得以体现，但财税一体化仍未真正彻底得以解决，有待今后进一步研究。纳税申报通常采用第三方纳税申报软件实现网上在线申报，国家税务总局曾对全国纳税申报软件进行评审，确定了若干家纳税申报软件，借助 XML 技术实现会计软件和 CTAS 的数据交换。从实现层次来看，会计软件应具备会计核算功能，并在此基础上实现财务管理和决策支持功能；从信息化平台来看，现行会计软件采用统一的数据库，并借助网络技术实现信息共享、数出一门，因此应具备系统管理功能和统一的基础设置功能，为各子系统提供统一的数据环境和安全机制。

二、会计信息化监督

企业会计信息化工作规范对财政部门的相关监督职能做出了明确的规定，具体包括以下三点。

第一，企业使用会计软件不符合企业会计信息化工作规范要求的，由财政部门责令限期改正；逾期不改的，财政部门应当予以公示，并将有关情况通报同级相关部门或其派出机构。由于《企业会计信息化工作规范》是一般规范性文件，不能设定行政处罚，而上位法也未对相关违规行为设定行政处罚，因此对于违规行为，主要采取了公示和通报相关部门的处理手段。财政部门除按照规定对企业使用会计软件情况进行监督外，在相关监督检查中，还应重点关注以下内容：一是实行会计资料无纸化管理的企业是否符合规定条件；二是异地核算企业是否具备本地监管条件；三是外商投资企业会计软件是否符合规定。

第二，财政部采取组织同行评议、向用户企业征求意见等方式，对软件供应商提供的会计软件遵循《企业会计信息化工作规范》的情况进行检查。省、自治区、直辖市人民政府财政部门发现会计软件不符合《企业会计信息化工作规范》规定的，应当将有关情况报财政部。任何单位和个人发现会计软件不符合《企业会计信息化工作规范》要求的，有权向所在地省、自治区、直辖市人民政府财政部门反映，财政部门应当根据反映开展调查，并按上述规定处理。以上所说的会计软件，是指由软件供应商提供的商品化会计软件，不包括企业自行开发的软件。

第三，软件供应商提供的会计软件不符合《企业会计信息化工作规范》要求的，财政部可以约谈该供应商负责人，责令限期改正。限期内未改正的，由财政部予以公示，并将有关情况通报相关部门。需要指出的是，对会计软件违规情况的处理职责集中在财政部，地方财政部门对会计软件有权调查，但调查结果应报财政部统一处理。这样规定：一是因为会计软件是全国统一市场，对于发现问题的会计软件，其供应商不一定在地方财政部门管辖地域内；二是对于同一会计软件产品，不同地方如果有不同的认定和处理，不利于维护执法的一致性和严肃性；三是防止地方保护，维护会计软件市场的自由竞争。

第五章　会计信息系统的管理

第一节　会计信息化组织及岗位

一、会计信息化工作组织的要求

正确组织会计信息化工作，对于完成会计任务、发挥会计在管理中的作用具有重要的意义。由于会计数据处理工作由计算机完成，会计人员的主要工作是收集会计数据，参与经营管理与经营决策。会计信息系统是一个人机系统。从使用角度讲，人要录入数据和进行设备的维护与管理；从软件设计角度讲，要增加软件设计方面的人员。因此，根据会计信息化工作的特点，要做好会计工作，必须根据本单位实际情况建立专门的会计信息化机构或有关岗位从事会计信息化工作，使会计信息化工作得以顺利开展。

二、会计部门的组织形式

（一）信息中心与会计部门并列的组织形式

在这种组织形式下，信息中心与会计部门都是独立的部门，行政上是同级的，会计信息化工作仅是单位计算机应用的一项重要内容。会计信息系统的购买或开发、增值开发与维护都由信息中心负责，会计部门配有微机或终端，只负责会计软件的使用及基本的日常维护。

在这种组织形式下，会计部门内部组织结构是否做较大的调整，要由计算机的应用程度决定。如果用计算机处理的业务不多，会计部门组织结构一般不做大的调整，如果会计核算工作基本上由计算机来处理，就有必要调整内部组织结构，一般在业务组的基础上增加一个维护组或者相应岗位。由于实施会计信息系统后，日常核算工作量大大减少，所以一般要新成立一个会计管理组，负责进行分析、编制预算、参与业务管理等工作。信息中心负责支持会计部门的工作，帮助进行规划、实施和解决日常的重要技术问题；会计管理组主要负责会计信息的分析、整理、参与决策、参与管理等工作，同时还应负责会计信息化工作的规划和辅助系统分析工作。

这种组织形式有利于单位计算机应用统一规划和管理。由于在这种组织形式下，有专门机构负责计算机应用工作，可按单位的总体要求来组织计算机应用工作，有利于信息的充分利用。在大中型单位，一般都采用这种模式。

这种组织形式的主要缺点是由两个部门负责，工作上需要协调，容易受两个部门关系的影响。

（二）信息中心和会计部门信息化组同时存在的组织形式

在这种组织形式下，单位设有独立的信息中心，在会计部门也设有会计信息化组。会计信息化工作由信息中心和会计部门会计信息化组共同完成，会计信息化组长期从事会计软件的增值开发和维护工作。信息中心负责集中性的开发和与其他系统协调。这种组织形式有以下优点。

1. 会计信息化组在会计部门

长期从事这项工作后，能成为既懂计算机又懂会计的复合型人才。由于这些人在会计部门，对业务熟悉，能按会计部门的需要进行项目的辅助开发工作和其他工作，解决问题及时快速。会计部门有了自己的增值开发和维护力量，就能免除后顾之忧，更加大胆地开展会计信息化工作，在基本条件具备后即可甩掉手工账。

2. 有利于会计信息化工作的组织协调

由于有信息中心参加这项工作，就能从总体上考虑好与其他系统的关系，能在代码、接口、规范、制度等方面实施统一的标准，避免了单独由会计部门自由设定模式的弊端。同时，由于有信息部门的参加，信息部门既充分了解了会计信息化的情况，又为其他有关系统的研制或协调运行打下了基础，为企业会计数据输出、资源共享提供了条件。

3. 有利于提高人财物的利用

会计部门配备较多的会计信息化专业人员是没有必要的，但在初期则需要较多的人员参与。在这种情况下，信息中心的人员可到会计部门参加相关工作。这样，综合了两方面的优点，能使本单位人财物都得到充分利用。

这种组织模式还有一种相近的方式，就是在信息中心专门设立一个小组，专门为会计信息系统服务，或者为管理信息系统服务。这也是一种较好的模式，能够照顾多方面的需要，也能使服务专业化。

随着会计软件服务业的发展，目前已经有专门的服务公司从事会计信息化的增值开发、实施、维护和日常支持，因此相关的工作也正在从部分企业分离，专业化已经成为一种趋势。

（三）单位没有独立的信息中心的组织形式

在这种组织形式下，单位没有独立的信息中心，一般是在会计部门配有专职或兼职的维护人员、操作员、业务管理人员运行会计信息系统。这类单位一般采用通用化会计软件来建立会计信息系统，达到会计信息化的目的。

对于一些小型企事业单位，可以采用这种形式。在一些会计人员很少的单位一般采用一人兼多职的方式。

会计信息化工作的组织，对每一个单位来说都有自己的特殊情况，还与会计信息化的发展程度有关，所以，应根据每一个阶段的需要来建立相应的机构和组织会计信息化工作，做到既满足会计信息化工作需要，又节省人力物力。

三、会计信息化人员管理

（一）会计信息化人员构成和职责

对会计信息化人员管理的基本方法是：按照“责、权、利相结合”的基本管理原则，明确系统内各类人员的职责、权限并尽量将之与各类人员的利益挂钩，即建立、健全岗位责任制。这样一方面可以加强内部控制，保护资金财产的安全；另一方面可以提高工作效率，充分发挥系统的运行效率。

会计信息化后的工作岗位可分为基本会计岗位和会计信息化岗位。

基本会计岗位可分为会计主管、出纳、会计核算、稽核、会计档案管理等。各基本会计岗位与手工会计的各会计岗位相对应。基本会计工作岗位，可以一人一岗、一人多岗或者一岗多人，但应当符合内部牵制制度的要求。

会计信息化岗位是指直接管理、操作、维护计算机及会计信息系统的工作岗位。实施了会计信息系统的单位要根据计算机系统操作、维护、开发的特点，结合会计工作的要求，划分会计信息化岗位。大中型企业和使用大规模会计信息系统的单位，信息化后可设立如下岗位。

1. 系统主管

系统主管负责协调计算机及会计信息系统的运行工作，要求具备会计和计算机知识以及相关的会计信息化组织管理的经验。系统主管可由会计主管兼任，采用中小型计算机和计算机网络会计软件的单位应设立此岗位。

2. 软件操作

软件操作负责输入记账凭证和原始凭证等会计数据，输出记账凭证、会计账簿、报表和进行部分会计数据处理工作，要求具备会计软件操作知识，达到会计信息化初级知识培训的水平。各单位应鼓励基本会计岗位的会计人员兼任软件操作岗位的工作。

3. 审核记账

审核记账负责对输入计算机的会计数据进行审核，以保证凭证的合法性、正确性和完整性，操作会计软件登记账簿，对打印输出的账簿、报表进行确认。

此岗位要求具备会计和计算机知识，达到会计信息化初级知识培训的水平，可由主管会计兼任。

4. 系统维护

系统维护负责保证计算机硬件、软件的正常运行，管理机内会计数据。此岗要求具备计算机、会计知识以及会计信息化知识。采用大型、小型计算机和计算机网络会计软件的单位应设立此岗位。此岗在大中型企业中应由专职人员担任。维护员一般不对实际会计数据进行操作。

5. 系统审查

系统审查负责监督计算机及会计信息系统的运行，防止利用计算机进行舞弊。审查人员要求具备会计和计算机知识，达到会计信息化中级知识水平，此岗可由会计稽核人员兼任。采用大型、小型计算机和大型会计软件的单位可设立此岗位。

6. 数据分析

数据分析负责对会计信息系统中的会计数据进行分析，要求具备计算机和会计知识，达到会计信息化中级知识水平。采用大型、小型计算机和计算机网络会计软件的单位可设立此岗位，可由主管会计兼任。

7. 会计档案资料保管员

会计档案资料保管员负责存档数据光盘、程序光盘，输出的账表、凭证和各种会计档案资料的保管工作，做好各种存储介质、数据及资料的安全保密工作。

8. 软件开发

由本单位人员进行会计软件开发或增值开发的单位，还可设立软件开发岗位，主要负责本单位会计软件的开发和软件维护工作。

基本会计岗位和会计信息化会计岗位，可在保证会计数据安全的前提下交叉设置，各岗位人员要保持相对稳定。中小型单位和使用小型会计软件的单位，可根据本单位的工作情况，设立一些必要的信息化岗位，许多岗位可以由一个人担任。

（二）设置会计信息化岗位的注意事项

在设立各种会计信息化岗位及其责任时，以下几点是关键。

1. 系统开发及软件维护人员与系统操作人员职务要分离

如果系统开发人员又是系统操作人员，非法篡改系统和程序的风险极大。系统程序是由开发人员分析、设计和编写的，他们对程序的逻辑关系及程序中的控制了如指掌。如果他们又作为系统操作员，完全可以在系统验收批准并投入使用后，再利用操作处理之便篡改程序。如果程序被篡改，组织的财产可能遭受损失，会计记录就无准确可言。因此，系统开发人员与系统操作人员职务要分离。操作人员不能了解系统的程序及逻辑，不能接触系统程序及系统开发文档，操作员不需要有软件开发的技能。系统开发人员在系统调试通过、验收批准后，应不得再接触和操作其开发的系统。数据的输入、业务的处理应由操作人员执行。日后系统的维护和改进只能经批准后按特定的程序进行。

2. 专职会计人员与系统操作使用人员职能的划分

对这两类人员职能的划分，现在各信息化的单位中有两种处理方法。一种是不设专职操作人员，职责的分工与手工会计系统一样。负责资金的仍负责资金，同时负责将自己做的凭证录入计算机；负责手工成本计算的，信息化后也负责操作计算机计算成本。另一种是设立专职的操作人员，将其他需手工处理的会计业务进行统一录入和处理。无论是采用哪一种方法，需要注意的一点是要利用各类人员的特点，发挥他们的特长，从而更好地发挥系统的效益。例如，许多单位有一批老会计，他们有丰富的实践经验，是单位领导分析决策的好参谋，信息化后，则应利用这个时机，使他们从繁杂的事务性处理工作中解脱出来，参与经营，参与管理。

第二节　会计信息系统内部控制

一、会计信息系统内部控制的意义

内部控制是为了保证会计资料和信息的真实性、完整性，提高管理水平的一项有效措施。会计信息化后，由于会计信息处理方式的改变，使传统的内部控制方法面临严峻的挑战。

会计信息系统与手工系统相比较，具有数据处理集中化、数据存储磁性化、系统初建成本高、系统操作身份识别难、内部稽核被削弱、系统自身脆弱等特点。这就决定了会计信息系统的内部控制较之手工系统更为必要。

二、会计信息系统内部控制的分类

依据一定的标准对会计信息系统中的内部控制加以分类，有助于对其内部控制的理解、审查和评价。

(一) 依据控制实施的范围

可将会计信息系统内部控制分为一般控制和应用控制，这是最常见的分类。目前世界主要国家会计信息系统审计准则均以此分类规定内部控制评审的步骤和主要内容。一般控制是对会计信息系统构成要素（人、机器、文件）及数据处理环境的控制，主要内容包括组织控制、系统开发与维护控制、硬件及系统软件控制和安全控制。应用控制是对具体功能模块及业务数据处理过程各环节的控制，主要包括输入控制、处理控制和输出控制等内容。一般控制适用于整个会计信息系统，是应用控制的基础，它为数据处理提供了良好的环境；应用控制适用于特定的处理任务，是一般控制的深化，它在一般控制的基础上，直接输入具体的业务数据处理过程，为数据处理的准确性、完整性提供最后的保证。

(二) 依据控制所采取的手段

可将会计信息系统中的内部控制分为手工控制和程序化控制两类。手工控制是由人工直接通过手工操作实施的控制；程序化控制是由计算机程序自动完成的控制。

(三) 依据控制的预定意图

可以将会计信息系统中的内部控制分为预防性控制、检查性控制和纠正性控制三类。预防性控制是为防止不利事件的发生而设置的控制；检查性控制是用来检查、发现已发生的不利事件而设置的控制；纠正性控制也称为恢复性控制，是为了消除或减轻不利事件造成的损失和影响而设置的控制。预防性控制是一种积极的控制，它试图在不利事件发生前加以防范，减少出现不利事件的可能性；检查性控制是一种中性的控制，它试图在不利事件发生时就能够发现；而纠正性控制是相对消极的，它是假定不利事件已经发生，设置一些可以减少不利影响的手段。

(四) 依据实施控制部门不同

可将会计信息系统内部控制分为信息化部门控制和用户控制。信息化部门控制是指由信息化部门人员或计算机程序实施的控制。用户控制则是指数据信息使用部门对计算机数据处理施加的控制。

三、会计信息系统内部控制的特点

在会计信息系统中，内部控制的目标仍然是保证会计资料和信息的真实性与完整性，提高经营效率以保证管理目标的实现。但其在控制的重点、范围、方式和手段等方面发生了变化。

（一）控制的重点转向系统职能部门

实现信息化以后，数据的处理、存储集中于职能部门，因此，内部控制的重点也必须随之转移。

（二）控制的范围扩大

由于会计信息系统的数据处理方式与手工系统相比有所不同，以及会计信息系统建立与运行的复杂性，要求内部控制的范围相应扩大。其中包括一些手工系统中不曾有的控制内容，如对系统开发过程的控制、数据编码的控制以及对调用和修改程序的控制等。

（三）控制方式和手段由手工控制转为手工控制和程序化控制相结合

手工系统中，所有的控制手段一般都是手工控制，在会计信息系统中，原有的手工控制手段有些依然保留，但需要增设一些包含于计算机程序中的程序化控制。当然，由于信息化程度不同，程序化控制的数量也会有所不同。

一般来说，信息化程度越高，采用的程序化控制要求也越多。两者相结合的特点，反映了会计信息系统控制技术的复杂性。

第三节　会计信息系统使用管理

一、会计信息系统使用管理的意义

会计信息系统使用管理主要是通过对系统运行的管理，保证系统正常运行，完成预定任务，确保系统内各类资源的安全与完整。会计信息系统使用管理是系统正常、安全、有效运行的关键。单位的操作管理制度不健全或实施不得力，都会给各种非法舞弊行为以可乘之机；操作不正确会造成系统内数据的破坏或丢失，影响系统的正常运行，也会造成录入数据不正确，影响系统的运行效率，直至输出不正确的账表；各种数据不能及时备份，则有可能在系统发生故障时使得会计工作不能正常进行；各种差错不能及时记录下来，则有可能使系统错误运行，输出不正确、不真实的会计信息。会计信息系统的使用管理主要包括服务器机房的管理与上机操作的管理。

二、服务器机房的管理

（一）机房管理制度的内容

会计信息化后，服务器是会计数据的中心。大中型单位需要建立专门的服务器机房，以方便管理和提高安全性。设立机房主要有两个目的：一是给计算机设备创造一个良好的运行环境，保护计算机设备，使其稳定地运行；二是防止各种非法人员进入机房，保护机房内的设备、机内的程序与数据的安全。

（二）机房管理制度举例

凡因工作要进入机房的人员，都必须遵守机房制定的各项规章制度。非工作人员严禁入内。

保持机房环境卫生，定期清洁计算机以及其他设备的尘埃。

严禁在计算机前喝水和吸烟，以免引起短路、火灾或其他损失。

为防止意外事故的发生，机房内应配备灭火设备，并杜绝一切火源，机房内一切电器设备须经电工同意方可安装，其余人员不得拆迁或安装。

任何人员不得擅自打开机箱和撤换计算机配件、电缆线等，如果发现设备有问题，应立即报告分管领导解决。

不得私自复制机房的软件和数据；对于外来软件，必须经检查无病毒后才能使用；存储介质也要经检查无病毒后才能使用，并存放机房。

严禁在计算机内安装或运行游戏。

未经许可，不准对外服务，以防病毒传入。

机房无人时应加锁，确保服务器的安全。

三、上机操作的管理

（一）上机操作管理的内容

上机操作管理是指对计算机及系统操作运行的管理工作，其主要体现在建立与实施各项操作管理制度上。上机操作管理的任务是建立会计信息系统的运行环境，按规定录入数据，执行各子模块的运行操作，输出各类信息，做好系统内有关数据的备份及故障时的恢复工作，确保计算机系统的安全、有效、正常运行。操作管理制度主要包括以下内容。

1. 操作权限

操作权限是指系统的各类操作人员所能运行的操作权限，主要包括以下内容。

（1）业务操作员应严格按照凭证输入数据，不得擅自修改已复核的凭证数据，如发现差错，应在复核前及时修改或向系统管理员反映，已输入计算机的数据，在登账前发现差错，可由业务操作人员进行改正。如在登账之后发现差错，必须另做凭证，以红字冲销，录入计算机。

（2）除了软件维护人员之外，其他人员不得直接打开数据库进行操作，不允许随意增删和修改数据、源程序和数据库结构。

（3）软件开发人员不允许进入实际运行的业务系统操作。

（4）系统软件、系统开发的文档资料，均由系统管理员负责并指定专人保管，未经系统管理员许可，其他人员不得擅自复制、修改和借出。

（5）存档的数据介质、账表、凭证等各种文档资料，由档案管理员按规定统一复制、核对、保管。

（6）系统维护人员必须按有关的维护规定进行操作。

2. 操作规程

操作规程主要指操作运行系统中应注意的事项，它们是保证系统正确、安全运行，防止各种差错的有力措施。其主要包括以下内容。

（1）各操作使用人员在上机操作前后，应进行上机操作登记（会计软件中有自动记录可再进行登记），填写姓名、上机时间和下机时间、操作内容，供系统管理员检查核实。

（2）操作人员的操作密码应注意保密，不能泄露。

（3）操作人员必须严格按操作权限操作，不得越权或擅自上机操作。

（4）每次上机完毕，应及时做好所需的各项备份工作，以防发生意外事故破坏数据。

（5）未经批准，不得使用格式化、删除等命令或功能，更不允许使用系统级工具对系统进行分析或修改系统参数。

（6）不能使用来历不明的存储介质和进行各种非法拷贝工作，以防止计算机病毒的传入。

（二）上机操作制度设计举例

上机人员必须是会计信息系统有权使用人员，经过培训合格并经财务主管正式认可后，才能上机操作。

操作人员上机操作前后，应进行上机操作登记，填写真实姓名、上机时间、退机时间、操作内容，供系统管理员检查核实。

操作人员的操作密码应注意保密，不能泄露，密码要不定期变更，密码长度不得少于六位，要用数字和字母组合而成，密码使用期限最长不超过三个月。

操作人员必须严格按操作权限操作，不得越权或擅自进入非指定系统操作。

操作人员应严格按照凭证输入数据，不得擅自修改凭证数据。

每次上机工作完毕后都要做好数据备份，以防意外事故。

在系统运行过程中，操作人员如要离开工作机器，必须在离开前退出系统，以防止其他人越权操作。

工作期间，不得从事与工作无关的内容。

（三）操作规程设计举例

开机与关机。开机顺序为：显示器、主机、打印机；逆序为关机顺序。

严禁在开机通电时插拔显示器、打印机、网络线、键盘和鼠标等电缆线。

严禁在硬盘、光盘驱动器等存储介质工作指示灯亮时关机或断电。

关机后，至少应间隔一分钟后方能重新开机。

不准使用外来存储介质和无版权的非法软件；储存介质不得私自带出，防止技术经济信息泄露。如果确实需要使用外来存储介质及相关软件，必须经管理人员同意并检查无病毒后方可使用，如不经检查，私自使用，使机器染上病毒者，按传播病毒严肃处理。

计算机硬盘中安装的是公共文件，上机人员不能进行删除、更名等操作；上机人员自己的文件和数据必须存入子目录中使用并自己备份，系统管理人员将定期清理计算机硬盘，删除非公共文件和数据。

严禁在计算机上玩游戏和利用聊天工具做与工作无关的事情。

未经允许，不得通过互联网下载任何软件或文档。

四、计算机替代手工记账

采用电子计算机替代手工记账，是指应用会计软件输入会计数据，由电子计算机对会计数据进行处理，并打印输出会计账簿和报表。计算机替代手工记账是会计信息化的基本目标之一。

计算机替代手工记账的过程是会计工作从手工核算向信息化核算的过渡阶段，由于计算机与手工并行工作，会计人员的工作强度较大，需要合理安排会计部门的工作，提高工作效率。

在计算机与手工并行工作期间，可采用计算机打印输出的记账凭证替代手工填制的记账凭证，根据有关规定进行审核并装订成册，并据以登记手工账簿。如果计算机与手工核算结果不一致，要由专人查明原因并向本单位领导书面报告。一般来说，计算机与手工并行的时间在三个月左右。

在实施计算机替代手工记账后，应该加强运行中的管理工作，使系统达到会计工作管理的需要。

对于替代手工记账，各地财政部门的具体规定有些差异，在替代手工记账前，需要咨询当地财政部门，按照相关要求办理。

第四节　会计信息系统维护管理

一、会计信息系统维护管理的意义

要使会计信息系统正常、稳定、高效地运行，就要不断维护和优化核算系统；系统在设计中必然存在考虑不周的情况，系统在运行过程中也必然会出现各种问题，要求对系统进行维护。现有统计资料表明，软件系统生命周期各部分的工作量中，软件维护的工作量一般占 50% 以上；现有的经验表明，维护工作要贯穿系统的整个生命周期，不断重复出现，直到系统过时和报废为止；现有的经验也表明，随着系统规模的扩大和复杂性的增加，维护费用在整个系统的建立与运行中的比例越来越大。维护是整个系统生命周期中最重要、最费时的工作。

系统维护包括硬件维护与软件维护两部分。硬件维护主要包括计算机硬件与通信设备的维修等。软件维护主要包括正确性维护、适应性维护、完善性维护三种。正确性维护是指诊断和改正错误的过程；适应性维护是指当单位的会计工作发生变化时，为了适应而进行的软件修改活动；完善性维护是指为了满足用户增加功能或改进已有功能的需求而进行的软件修改活动。软件维护还可分为操作维护与程序维护两种。操作维护主要是利用软件的各种自定义功能来修改软件的一些参数，以适应会计工作的变化。操作性维护实质上是一种适应性维护。程序维护主要是指需要修改程序的各项维护工作。

二、会计信息系统维护管理的内容

（一）维护管理的任务和内容

会计信息系统的维护管理工作主要是通过制定维护管理制度和组织实施来实现的。

1. 系统维护的任务

（1）实施对硬件设备的日常检查和维护，以保证系统的正常运行。

（2）在系统发生故障时，排除故障和恢复运行。

（3）在系统扩充时负责安装、调试，直至运行正常。

（4）在系统环境发生变化时，随时做好适应性的维护工作。

2. 系统维护的承担人员

（1）在硬件维护工作中，较大的维护工作一般由销售厂家进行。使用单位一般只进行一些小的维护工作，会计部门一般不配备专职的硬件维护员，硬件维护员可由软件维护员担任，即通常所说的系统维护员。难度大一些的维护工作可交给信息中心完成。

（2）使用通用化会计软件的单位，程序维护工作由软件厂商负责，单位负责操作性维护，一般不配备专职维护员，而由指定的系统维护员兼任。

（3）自行开发会计软件的单位一般应配备专职的系统维护员。系统维护员负责系统的硬件设备和软件的维护工作，及时排除故障，确保系统的正常运行；负责日常的各类代码、数据及源程序的改正性维护、适应性维护工作，有时还负责完善性的维护。

3. 软件维护的内容

软件维护的内容包括操作维护与程序维护。操作维护主要是一些日常维护工作，程序维护包括正确性维护、完善性维护和适应性维护。

4. 硬件维护的内容

（1）定期进行检查，并做好检查记录。

（2）在系统运行过程中，出现硬件故障时，及时进行故障分析，并做好检查记录。

（3）在设备更新、扩充、修复后，由系统管理员与维护员共同研究决定，并由系统维护人员实施安装和调试。

5. 系统维护的操作权限

操作权限主要是指明哪些人能进行维护操作，何种情况下可进行维护。主要包括以下内容。

（1）维护操作一般由系统管理员或指定的专人负责，业务操作员、档案管理员等其他人员不得进行维护操作，系统管理员可进行操作维护，但不能进行程序维护。

（2）不符合维护规定手续的不允许进行软件修改操作。

（3）在一般情况下，维护操作不应影响系统正常的运行。

（4）不得进行任何未做登记记录的软件、硬件维护操作。

（二）电算维护人员工作制度设计举例

（1）按时上下班，遵守作息制度；不得私自带无关人员进入服务器机房。

（2）带头执行各项管理制度。

（3）经常检查计算机，保持计算机、仪器和设备的清洁卫生；负责做好机房的清洁卫生工作。每天一次小扫除，每周一次大扫除，保持室内和周围环境的清洁卫生。

（4）对待业务人员要热情、耐心、礼貌，做好软件使用的服务工作。

（5）做好每天的工作记录，维护好计算机软件、硬件系统、外设和网络，保证计算机正常运行。

(6) 定期或不定期地检查硬件和软件的运行情况。

(7) 负责系统运行中硬件和软件的维护工作。

(8) 负责系统的安装和调试工作。

(9) 按规定的程序实施软件的完善性、适应性和正确性的维护。

(10) 维护人员除实施数据维护外，不允许随意打开系统数据库进行操作，实施数据维护时不准修改数据结构，其他上机人员一律不准实施数据库操作。

(11) 坚持每周清查计算机病毒，保证所有计算机和存储介质无毒。

(12) 根据应用软件的需要安装和维护计算机系统软件。

(13) 管理好固定资产和消耗材料，做到数量、金额相符。

(14) 下班前做好数据的备份工作（每个子系统的业务数据备两份)。

三、计算机病毒防治

(一) 计算机病毒概述

1. 计算机病毒的概念

计算机病毒是一种人为特制的小程序，通过非授权入侵而隐藏在可执行程序或数据文件中。当计算机系统运行时，源病毒能把自身精确复制或者有修改地复制到其他程序体内，具有相当大的破坏性。计算机病毒已经成为计算机犯罪的重要形式之一。

2. 计算机病毒的特征

(1) 隐蔽性。计算机病毒研制者熟悉计算机系统的内部结构并有高超的编程技巧，它既可用汇编语言编写，也可用高级语言编写，设计出的程序一般都是不易被察觉的小程序。

(2) 潜伏性。病毒具有依附其他程序而寄生的能力。它可以在几周或几个月内在系统的备份设备内复制病毒程序而不被发现。

(3) 传播性。源病毒可以是一个独立的程序体，具有很强的再生机制，不断进行病毒体的扩散。计算机病毒的再生机制反映了病毒程序最本质的特性。

(4) 激发性。在一定条件下，通过外界刺激可使病毒程序活跃起来。激发的本质是一种条件控制。如某个特定的日期或时间、特定的用户标志符或文件、用户的安全保密等级或一个文件使用的次数等，均可作为激发的条件。

(5) 破坏性。病毒程序一旦加到当前运行的程序体上，就开始搜索可感染的其他程序，从而使病毒很快扩散到整个系统上，破坏存储介质中文件的内容、删除数据、修改文件、抢占存储空间甚至对存储介质进行格式化等。计算机病毒可以中断一个大型计算机中心的正常工作或使一个大型计算机网络处于瘫痪状态，从而造成毁灭性后果。

3. 计算机病毒的分类

根据计算机病毒的入侵途径可将病毒分为以下几种。

（1）源码病毒。这种病毒在源程序被编译之前，插入用高级语言编写的源程序中。由于用高级语言编写病毒程序难度较大，所以这种病毒较少。

（2）入侵病毒。这种病毒入侵时，实际上是把病毒程序的一部分插入主程序。当病毒程序入侵到现有程序后，不破坏主程序就难以除掉病毒程序。

（3）操作系统病毒。这是最常见、危害性最大的病毒。它在系统运行过程中不断捕捉 CPU 的控制权，不断进行病毒的扩散。这种病毒隐藏在被虚假地标明“损坏”的磁盘扇区内，或加载到内存的驻留程序或设备的驱动程序中，以便隐蔽地从内存储器进行传染和攻击。

（4）外壳病毒。这种病毒把自己隐藏在主程序的周围，一般情况下不对源程序进行修改，它通常感染可执行文件。

（二）计算机病毒的预防

计算机病毒的来源主要是外来的非法软件和外来的存储介质，故应坚持以防为主的方针，对计算机加强管理，预防计算机病毒的感染。

（三）清除计算机病毒的步骤

第一，使用计算机防病毒软件清除已知的计算机病毒。

第二，对引导型计算机病毒，用保存的无毒分区表和引导扇区覆盖被病毒感染的分区表和引导扇区。

第三，重新格式化带有病毒的存储介质。

第四，对于硬盘，个别病毒要做低级格式化才能清除。

第五节　会计信息系统档案管理

一、会计信息系统档案管理的意义

会计信息系统档案主要是包括打印输出的各种账簿、报表、凭证、存储的会计数据和程序的存储介质，系统开发运行中编制的各种文档以及其他会计资料。会计信息系统档案管理在整个会计信息化工作中起着重要的作用。

二、会计信息系统档案管理的任务

（一）监督、保证按要求生成各种档案

按要求生成各种档案是档案管理的基本任务。一般来说，各种开发文档应由开发人员编制，会计部门应监督开发人员提供完整、符合要求的文档；各种会计报表与凭证应按国家的要求打印输出；各种会计数据应定期备份，重要的数据应强制备份；计算机源程序应有多个备份。

（二）保证各种档案的安全与保密

会计信息是加强经济管理、处理各方面经济关系的重要依据，绝不允许随意泄露、破坏和遗失。各种会计信息资料的丢失与破坏自然会影响到会计信息的安全与保密；各种开发文档及程序的丢失与破坏都会危及运行的系统，从而危及系统中会计信息的安全与完整。所以，各种档案的安全与保密是与会计信息的安全密切相关的，我们应加强档案管理，保证各种档案的安全与保密。

（三）保证各种档案得到合理、有效的利用

档案中的会计信息资料是了解企业经济情况、进行分析决策的依据；各种开发文档是系统维护的保障；各种会计信息资料及系统程序，是系统出现故障时，恢复系统、保证系统连续运行的基础。

三、会计信息系统档案管理的方法

（一）会计信息系统档案的生成与管理办法

计算机代替手工记账后，会计档案除指手工编制的凭证、账簿和会计报表外，还包括计算机打印输出的会计凭证、会计账簿、会计报表，存有会计信息的存储介质，会计信息系统开发的全套文档资料或商品化会计软件的使用与维护手册。对手工形成的会计凭证、会计账簿和会计报表等会计档案，在此不再论述，可参见《会计档案管理办法》。

1. 记账凭证的生成与管理

计算机代替手工记账单位的记账凭证有两种方式。

（1）由原始凭证直接录入计算机，计算机打印输出。在这种情况下，记账凭证上应有录入员的签名或盖章，稽核人员的签名或盖章，会计主管人员的签名或盖章，有关姓名也可由计算机打印生成。收付款记账凭证还应由出纳人员签名和盖章。打印生成的记账凭证应视同手工填制的记账凭证，按《会计档案管理办法》的有关规定立卷归档保管。

（2）手工事先做好记账凭证，计算机录入记账凭证然后进行处理。在这种情况下，保存手工记账凭证与机制凭证皆可，如保存手工记账凭证，其处理与保管办法可按《会计档案管理办法》的有关规定进行处理与保管；如保存机制记账凭证，其处理与保管办法与由计算生成记账凭证的处理与保管办法相同。需要强调的是，在计算机记账后发现记账凭证录入错时，保存手工记账凭证的，需同时保存为进行冲账处理而编制的手工记账凭证；保存机制记账凭证的，需同时保存进行冲账处理的机制记账凭证。

2. 会计账簿、报表的生成与管理

已由计算机全部或部分代替手工记账的，其会计账簿、报表以计算机打印的书面形式保存。保存期限按《会计档案管理办法》的规定办理。考虑到计算机打印的特殊情况，除要求日记账每天打印外，一般账簿可以根据实际情况和工作需要按月或按季、按年打印；发生业务少的账簿，可满页打印。现金、银行存款账可采用计算机打印输出的活页账页装订。

3. 存储介质的管理

存有会计信息的存储介质，在未打印成书面形式输出之前，应妥善保管并留有副本。一般来说，为了便于利用计算机进行查询及在会计信息系统出现故障时进行恢复，这些介质都应视同相应会计资料或档案进行保存，直至会计信息完全过时为止。

4. 系统开发的文档资料的管理

系统开发的全套文档资料，视同会计档案保管，保管期截至该系统停止使用或有重大更改之后的五年。

（二）会计信息系统档案管理制度

档案管理一般是通过制定与实施档案管理制度来实现的。档案管理制度一般包括以下内容。

第一，存档的手续。主要是指各种审批手续，比如打印输出的账表必须有会计主管、系统管理员的签章才能存档保管。

第二，各种安全保证措施。比如备份的刻录光盘上应贴写保护标签，存放在安全、洁净、防热、防潮的场所。

第三，档案管理员的职责与权限。

第四，档案的分类管理办法。

第五，档案使用的各种审批手续。比如调用源程序就应由有关人员审批，并应记录下调用人员的姓名、调用内容、归还日期等。

第六，各类文档的保存期限及销毁手续。比如打印输出账簿就应按《会计档案管理办法》的规定保管期限进行保管。

第七，档案的保密规定。比如任何伪造、非法涂改变更、故意毁坏数据文件、账册、存储介质等行为都将受到相应的处理。

第六章　云会计在企业信息系统中的应用

第一节　云会计概述

一、云会计的基本概念

（一）云会计的定义

目前学术界和业界对会计还未形成一个统一的定义。我国对云会计的定义最早是在2011年由陈平和何雪峰提出的。陈平和何雪峰将云会计定义为构建在互联网上的在线会计信息处理系统，可以向用户供给会计核算、财务分析等服务，云会计的体系结构包括硬件虚拟化层、基础设施层、数据层、平台层和应用层。彭超然认为，云会计是云计算与会计行业整合下的一种按需付费会计处理模式，财务数据被传送到云资源池中，云服务商再按照需求将财务数据进行加工处理后反馈给用户。

综上所述，可以将云会计定义为：在云计算环境下，以网络为媒介，云会计服务商供给服务工作，用户使用电脑等设备在线完成会计核算、财务分析等功能的虚拟会计信息处理系统。实际上，财务工作外包不仅减轻了会计人员的负担，提高了工作效率，也可以及时了解企业财务，并且可以预测和管理企业的经济活动。我国的云会计产品主要包括浪潮云会计、易快报、金蝶精斗云和云代账等，服务模式包含租赁外包软件服务和构建财务共享服务中心等。

（二）云会计的服务模式

云会计的四种服务模式中，SaaS 是供应商将提供的软件服务安置在他们的服务器上，并负责前期的研发和运行、后期的维护和更新，客户通过网络向商家订购所需的服务，并按相应的量付费。PaaS 与 SaaS 有些相似，它是将服务器平台作为一种服务提供给客户，这个平台是可以开发软件的研发平台，也就是说企业客户可以利用供应商的平台自己来研发适合自己的软件。这有点像点个外卖到家中，吃饭的桌子是自己的。最基础的就是 IaaS 了，它是 IT 基础数据资源的整合，客户可以通过网络获得自己需要的计算资源，这种服务不需要用户自己构建基础设施，而是通过付费获得这些资源。这像从饭店买了个半成品，需要在家里自己加热，可能还要加点自己喜欢的调料。而大量的数据沉积，就形成了新的服务——DaaS，供应商将数据进行整合、处理，重新组装形成各行各业所需要的数据，国泰安数据库或百度云数据库都是提供这种服务的供应商。

（三）云会计的基本结构

云会计包括处理整合过的数据资源、基础的存储设备、具有较高计算能力的服务器、软件开发平台和能够提供处理各种会计相关业务的应用软件等。

云会计利用IaaS来构建信息储存中心和计算中心，它包含了大型硬件基础设施，为企业提供数据储存、处理等服务。其中，DaaS是整合将要提供给企业的与会计和经济相关的信息资源。有了前两个基础的层次，就可以利用PaaS来为用户提供云会计服务平台和能够开发软件的服务平台，还利用SaaS来构建与企业会计相关的各种软件，做到让用户“拿来即用”。

二、云会计与传统会计信息系统的比较

由于信息传递越慢，越容易出错，传统的财务管理方法在这方面显得捉襟见肘，并且传统的财务管理不能适应企业的快速扩张。而云会计下的财务管理，将所有流程进行标准化统一，利用互联网即时的特性，实现财务数据的随取随用，减少了财务处理过程中的各种流转环节，减少了人工传递和人工干预等环节，能够有效降低人工操作差错。此外，数据的处理和加工都在云会计供应商的服务器上进行，性能和处理效率有保障，只要有网络就能获得想要的信息，管理层也能够实时掌握公司的财务动态。

三、云会计面临的机遇

（一）大数据时代带来的机遇

当下正处在信息爆炸的大数据时代，每个人都无时无刻不在接收着大量信息，也无时无刻不在制造着大量的信息，信息数据的规模呈指数上升，信息种类迅速扩张。面对如此庞杂的信息，我们该如何从会计大数据中挑选出重要的指标？如何在大数据中寻找出它们之间的联系并进行校验？如何快速加工出所需的会计信息？如何发挥会计信息的深层作用？这都是大数据时代下摆在会计工作者面前的问题。大数据时代的到来不仅关系着会计工作，更颠覆着我们的认知，影响着我们的行为，这无疑是一种冲击，更是一种推动会计行业向前发展的力量。为了解决上述问题，大数据思维模式催生了云会计。

1. 数据体量

大数据的基础在于尽可能完整地采集与事物有关的信息，为下一阶段的信息处理提供充足的资料，因而会计的相关数据采集量会有明显提升。对于服务于多个企业的云会计而言，数据量需求将会更大，不再是 MB、GB 可以应对的，TB 甚至 PB 将变成数据存储的常用单位。而云会计的分布式存储技术可以很好地解决这一问题。

2. 数据种类

会计数据的种类繁多，不仅包括数字、文字这类简单的数据类型，而且扩展到图像、声音这类非结构化数据类型。除此之外，还需要反映用户的具体操作、交易场所等数据，这些都是重要的会计信息，云会计利用智能终端采集影音数据，利用移动终端产生的地理位置信息，就可以很好地解决上述问题。

3. 数据来源

大数据要求及时收集数据，会计信息亦是如此，这就对会计信息系统提出了新的要求，促进了会计信息系统与日常经营管理系统的有效融合，力求经营业务与会计数据录入同时发生，经由网络快速完成系统数据输入，系统再进行功能类别判断，各尽其能。值得注意的是，云会计数据存储在互联网的数据中心，并非存储在企业内，数据的录入、操作位置与数据的存储位置可以不在同一地点，可通过移动终端完成操作，异地办公的会计人员可随时随地处理这些会计数据，不受时间与空间的限制，这为数据的实时采集和处理提供了可操作空间。

4. 数据处理

大数据的根本目的不在于掌握庞大的数据信息量，而在于如何加工处理这些信息，从而得到我们想要的结果。具体而言，我们可以利用数据挖掘技术，对比数据之间的关系并进行相互印证，解决会计核算过程中的不确定性和模糊性问题，再用当前数据与历史或同行业数据进行对比、推理，得出最为科学的会计信息。

大数据时代为云会计提供了非常理想的发展契机。基于大数据驱动模式的会计信息要求更加准确、及时，我们可以有效借助云会计对企业内部、外部的结构化数据和非结构化数据进行筛选，以数据为基础进行科学筹划；还可以用于成本控制，分析企业生产费用的构成，为企业的成本控制提供坚实的决策支持，提升企业决策能力。

（二）移动互联网带来的机遇

我国互联网发展至今，PC 互联网已趋于饱和，移动互联网发展依旧迅猛且呈井喷式增长。如今，移动用户迅速增长，用户规模超越传统台式电脑用户规模，随着移动终端、流量套餐价格的下降，4G、5G、Wi-Fi 的普及和覆盖面的扩大，移动互联网还将快速发展，移动互联网的时代已经真正到来。

随着移动互联网时代的来临，互联网思维已成为各行各业思考的方向，互联网企业的概念顷刻间风起云涌，人们迫切地希望随时随地甚至在移动过程中也能方便地使用网络，获得服务，实时完成工作业务，提升工作效率，占得市场先机。移动互联网的迅猛发展为云会计提供了千载难逢的发展时机。

（三）会计外包带来的机遇

随着市场细分的完善，如何在灵活多变的市场环境中找到企业的一席之地？答案就是必须充分利用企业有限的资源，集中力量做强做实核心业务，占领细分市场的制高点，只有这样才能充分发挥出企业的竞争优势。

会计外包，顾名思义就是将企业全部或部分会计工作委托给专业机构来做。综上所述，我国的会计外包业务将逐渐成为业务流程外包的热点，成为企业会计管理的新趋势，越来越多的企业会寻找会计外包合作伙伴。在这种形势下，云会计的出现无疑可以更好地解决会计外包问题，即给企业提供更加专业、更加便捷的专业平台，降低成本，提高综合实力。

第二节　云会计在企业应用中的优势及问题分析

一、云会计在企业应用中的优势

云会计的意义在于最大限度地解放企业投入会计工作中的人力成本，将会计信息化的建设与服务进行外包，把经营管理的工作重点完全聚焦到核心业务上来，从而降低企业管理成本，提高工作效率，增强企业核心竞争力。

（一）投资低廉

企业采用云会计服务后，无须对现有的资产规模和基础设施设备做过多的调整，不用额外投入更多财力，不用购买专业会计软件，也不用为服务器和数据中心准备机房。这省去了 IT 人员成本，减少了对设备的日常保养、维护、升级等管理工作，即企业只需提供网络服务和终端设备，便能获得强大的硬件运算支持和稳定的软件反馈与高水准的会计服务。由此产生的投资只有向云会计服务商购买的服务和网络流量费用，这些费用还可以享受月租式的分期付款，无须一次性支出，在一定程度上缓解了企业的资金压力。总之，与传统会计信息化系统相比，云会计的投资显得十分低廉。

（二）服务专业

云会计服务商的硬件管理更加专业。由于服务商的云会计设施设备具备一定规模，因此机房的设置和服务器、数据中心的部署更加合理，全天候的温湿度控制更加科学，EPS、UPS 备用电源更加齐备，防静电、浪涌保护等防范措施也更加安全，外加专业的运行维护团队提供的优质技术服务，从而最大限度地保障了系统运行的稳定。

此外，云会计服务商所提供的会计服务也更加专业，他们聘请会计行业的专家提供业务支持与咨询服务，能够及时更新会计准则等法律法规，加快建账过程，简化导航界面，精练业务流程，方便凭证录入，丰富数据查询，并且针对会计软件使用中暴露的不足，及时修改，让用户更容易、更简便、更高效地完成会计信息化工作。

（三）数据处理高效

传统的会计软件安装在本地设备上，受设备性能影响，数据处理能力高低不一，即设备性能严重影响会计工作效率，解决问题的方法只能是缩短设备更新周期，而这样的做法则会大大提高成本预算。云会计则另辟蹊径，很好地解决了这个问题，它的核心是技术创新。

1. 虚拟化技术

虚拟化技术是 IT 领域非常重要的技术，它将看似固定不可变的计算机变得更加灵活，在虚拟化层面上进行分割重组，从而在实际情况不变的硬件基础上优化计算能力。

从技术层面看，虚拟化是将一台计算机虚拟为多台计算单元，每个计算单元都具备之前的功能，可以运行不同的操作系统。这突破了硬件的结构框架，实现了资源的统一管理、分散部署过程，确保重新划分的虚拟区域相互独立，互不影响，从而实现运算能力的动态分布、灵活调用、跨域共享，既增强了计算能力的弹性，降低了成本、改进了服务，也提高了 IT 资源的利用率。

从表象层面看，虚拟化如同一个没有隔墙的房间，可以根据进住人的想法，依据不同需求，更加自主地划分区域，满足更多人的空间需求，不会出现在屋内只有一个人的情况下，将别人拒之门外的浪费场景。这表明虚拟化的核心体现在统一管理、动态分布，提高资源利用率。

2. 分布式存储技术

传统的网络存储方式是将数据集中存放在一台服务器上，这台存储服务器便是整个系统的瓶颈，安全可靠度相对较低。随着信息量爆炸式的增长，这种存储技术已经无法满足用户巨大数据存储量的需求，在此背景下分布式存储技术应运而生。它是将数据分别存储在多台服务器上，再利用通信网络将这些设备连在一起，以便数据加工。这种存储技术减小了单个服务器的存储负荷，使得整体结构具有了强大的扩展性能，摆脱了原有存储技术的限制，从而提高了存储总量。此外，存储分散可以降低数据丢失、损坏风险，外加采用相应的备份手段，可以提高系统的安全可靠度和数据读写速度。

3. 编程模式

云会计是一套多用户、多任务、数据吞吐量巨大的处理系统，如何高效、便捷地实现这一任务，编程模式的选择至关重要。其中，分布式并行编程模式应用广泛，如谷歌扩展了 MapReduce 并提出了映射—化简结构，充分发挥多核 CPU 的性能；IBM 和微软也开发了自己的分布式并行结构，实现处理超大数据的能力，提供不同的解决思路，提高了计算综合能力。

映射—化简结构是分布式并行编程的主流模式，被很多公司使用。它的整个工作流程可总结为四步：每个映射任务均对应一个内存缓冲区，保存映射的输出信息，当这个内存缓冲区接近饱和的时候，会生成一个临时文件将这个缓冲区的数据转移到磁盘的其他地点储存，利用其他计算资源进行加工。当整个映射任务完成后，计算工作也基本完成，经过化简程序再把所有的临时文件调取出来进行合并运算，产生最终输出文件，实现高效处理。

4. 分布式资源管理

云会计采用分布式存储技术，必须要引入相对应的资源管理技术，才能保证数据在多节点的并发执行过程中，各个节点的运行状态同步，并且当个别节点出现故障时，系统能够采用有效的机制，保证在不影响其他节点的基础上，寻找替代节点。分布式资源管理就是这样一套系统。它所拥有的运算能力是非常强大的，少则拥有几百台服务器，多则拥有成千上万台，由于应用的不同环境，各个位置传递速度的不同，而如何有效地管理这些资源，保证它们能够正常提供服务，需要非常强大的技术支撑。因此，分布式资源管理技术的重要程度毋庸置疑。

（四）协同控制力强

企业自身的经济活动是会计信息的主要来源，而企业与产业链中其他相关方包括政府之间的往来是企业会计信息的次要来源。在传统会计体系中，会计部门面临内外部的协同控制问题。

不可否认，未来的经济交往需要更多地借助网络，实现电子数据的交换和资金的转移，公司需要采集的会计凭证都将以数字格式进行存储。这种情景下，云会计便能充分发挥自身优势，及时、准确地锁定电子凭证，上传至云会计平台，在处理正常业务的同时，完成了会计数据的录入。另外，企业的经营方式、部门设置、会计业务流程、员工工作方式等均需要进行重新梳理和升级，会计信息的采集渠道、所使用的工具、整个业务模式也都会有全新的变化。具体变化可以从两方面分析：从企业内部看，会计部门不再是一个会计信息的孤岛，会计人员可以更加深入地接触、了解经营过程，通过信息流协同部门有序合作，合理配置企业资源，达到企业经营效率和效益最大化；从企业外部看，合作伙伴可以将相互连接业务的会计信息进行共享，轻松获取充足的可利用信息，及时了解、满足产业链上、下游的供需关系，并能随时随地的进行网上报税和银行对账与审计等相关会计工作，从而提高内、外部协同控制力，增加企业的经营活力。

（五）新业务扩展能力强

目前，企业所运用的传统会计软件受功能限制，无法及时快速地进行新业务的扩展，而云会计基于云计算的技术特点，就能很好地完成这项工作。首先，云会计设备的分布式部署、双机热备份的设置，保证了新业务功能在扩展和升级的过程中不会导致原有会计信息的丢失和服务中断；其次，由于云会计的所有功能全部集成在云端，不存在用户软件升级的工作，减少了大量的升级时间和劳动力，也避免了个别用户安装软件过程中出现的种种难题。

综上而言，在云会计环境下，企业可根据自己的需求，选择相应的服务，根据新业务特点，添加扩展功能，根据新的会计法律法规，升级会计处理方法，及时与会计准则保持一致。这些能力都是传统会计信息系统所无法比拟的，是云会计软件应对快速变化市场的一种强大能力。

二、云会计在企业应用中的问题分析

（一）观念问题

会计行业发展至今，云会计的概念虽渐渐为大多数人所知晓，但真正在日常工作中运用这一软件的少之又少，传统观念成为云会计发展中的问题和阻力，因此如何打破传统观念以及会计行业惯性是一个值得深思的问题。以郑州地区某公司为例，他们的现行会计软件为购买的某公司记账软件，即支付一定金额购买软件，由软件公司指派专业人士前来安装才能使用。这一模式的弊端是，当遇到一些重大突发事件时，比如说临时审计，他们往往因为系统的突发事故而导致工作停滞。即便这样，以这类公司为代表的诸多企业也不愿意更换会计软件，接受更为先进的云会计服务，这是因为他们不知道云会计究竟是什么、如何操作，哪些软硬件属于云会计，而哪些属于传统会计软件，使用此服务能够给自己带来多少利益。综上可知，如何打破传统而僵化的企业思维，促使企业接受云会计的服务，是云会计应用诸多问题中首先应该解决的一项。

（二）云会计标准缺失问题

日本和美国是云会计服务的先行者，早在 2012 年，日本对全国境内 300 人以下的中小企业进行调查，发现已经有 4.8%的企业使用了云会计服务。而美国虽然没有对此进行调查，但早在 2008 年就已经有了将近十家的云会计服务供应商，而截至 2017 年年底云会计服务商已经超过了 30 家，市场十分火热。这些发达国家对于云会计都有严格的控制和准则，都制定了相关的法律法规和信息技术服务标准。比如，美国的《爱国者法案》提出，云会计服务商应该遵循市场竞争的相关法律法规，若有扰乱市场秩序或者间谍活动，将会强制没收云会计服务商的服务器，并且根据行为恶劣性追究其相应的法律责任；日本的法律规定，云会计市场所发生的一切经济活动都应当遵循传统的会计行业法律法规，以传统行业的准则为准则。这些法律都强有力地维护了云会计市场的秩序。

如同会计记账软件取代了传统的会计手工记账一样，会计信息化最终也将取代单一的会计记账软件。云会计在国内刚刚起步，虽然艰难前行但仍旧可以看出是一块“大蛋糕”，若将来云会计市场蓬勃发展，势必有很多服务商蜂拥而至，其行业秩序必然受到扰乱，若无相关的法律法规标准及严格的信息技术服务标准，必定会造成恶性竞争频发、服务不到位的混乱局面，最终影响广大用户的利益。目前，国内在这一市场的法律法规和标准制定方面还是空白，如何进行法律法规制定，如何保护个人数据不被泄露，以及如何保护跨国数据，都是需要弥补填充的。这些区域的空白也使云会计的服务难以迅速发展。

（三）云会计下企业信息安全问题

在大数据时代，仍旧有近一半人对云会计的安全性表示怀疑。基于此，目前大多数人对云会计服务仍旧处于观望状态，不敢轻易踏入该领域，其带来的安全问题是企业运用软件第一考虑因素，这大大制约了云会计服务的发展。其中，主要安全隐患为运行安全及信息安全。

1. 运行安全

云会计的运行是以网络为依托的，在运行过程中信息遭到任何的破坏和改动都将造成企业利润的流失。其一，数据的存储和备份隐患。云会计虽然为实时的数据，但是后台的维护和操作在于服务商本身，任何专业性的服务都不能百分之百保证数据的存储安全，而会计行业的存续性十分依赖于各项数据的完整。因此，如何有效避免数据的存储和备份安全是云会计安全性的问题之一。其二，数据的转存安全。会计的任何数据都不会持久的存储在一个位置上，任何企业业务和形式上的改变都有可能改变会计数据存储的位置。比如，企业开立分公司，其中一部分数据就要转存出去，如何保护这些数据的完整性将极大地影响新业务的开展。其三，数据的载入安全。载入安全为根本安全，一些变故可能导致载入安全的变化，造成数据载入中断。而随着 IT 技术不断发展，大数据市场不断扩大，如何安全地升级系统保持数据的载入是整个运行安全的中心问题。

以 Google 公司为例，2009 年 Google 的 G-mail 电子邮箱爆发了全球性的故障，服务中断长达四个小时，其原因就在于位于欧洲的数据中心进行例行维护的时候，有些新的程序代码出现了一些副作用，导致欧洲另一个资料中心过载，波及其他数据中心接口，结果造成了安全性故障，使得其他数据中心也无法继续工作。与此相同的事故也发生在 Rackspace，在 2009 年 6 月，Rackspace 遭受了严重的云服务中断故障，其供电设备跳闸，备份发电设备失效，不少服务器出现了停机故障，造成了严重的资金损失。Google 作为全球 IT 技术的领头羊，而 Rackspace 作为云会计领域的先锋尚且会发生这种事故，可想而知，我国对于云会计的运行安全问题更需要全面的考量和完善。

2. 信息安全

信息安全主要是指云会计的服务平台可以抵挡黑客的侵袭而安全运行，承载各个数据的完整，客户的个人信息不会被未授权的人员掌握，各个企业的私密信息不会因被泄露而造成损失。这种信息安全比运行安全更应该引起注意，潜在的用户群对云会计的疑问很多集中于此。虽然我国的 IT 界对信息泄露有了一定的防范措施，但此类事件仍旧频发，而一旦爆发将会对客户造成严重的损失。可以说，如何保证云会计服务的信息安全成了各企业聚焦的问题。

举例来看，一则新闻指出，英国一家名为“剑桥分析公司”的数据分析公司以不正当的形式获得了 5000 万美国社交网络 App“脸书”用户的个人信息，此事件成为脸书创立以来最大的一次信息泄露事件，脸书公司也因此陷入了严重的信任危机，而公司创始人扎克伯格不得不进行公开致歉。同样，国内的用户信息泄露的事件也是不断。2014 年，130 万研究生考生的个人信息被泄露，考生受到各种考试机构和非法作弊机构的疯狂骚扰，成为一次严重的考生信息泄露事件。2017 年，国内领先的云服务供应商百度云也发生了用户信息泄露事件，大量用户百度云中的私密信息被泄露，其中不乏个人信息甚至公司机密等。在这种情况下，用户人人自危，更不要说踏足云会计这一领域，所以云会计的发展遇到瓶颈也就不足为怪。因此只有解决这一问题，才能使云会计的潜在用户浮出水面，使这一领域繁荣起来。

（四）鉴定问题

云会计的存在依托于网络和云计算技术，而会计行为中包含各种审计行为，它们需要去鉴定会计行为中的犯罪问题，如鉴定假账、错账甚至故意犯罪等。而云会计改变了传统会计信息录入模式，将各类原始凭证、原始单据、发票等通过网络变成电子数据信息，这大大增加了破获犯罪行为的难度。云会计主要存在的问题有以下几个方面。

1. 会计信息失真

传统的会计软件依托于纸质凭证查询，而云会计则改变了这一模式，使会计行业进入了无纸化时代，各种会计凭证通过形成信息化数据的方式保存至云端。目前，包括 20 种相关的鉴定如司法鉴定等，都有着沿用传统的一套成熟鉴定体系的特点，通过对各种交易中产生的合同、文件、发票、申请书等原始单据进行鉴定分析，核对企业的账本、账簿和账目，做到账账相符、账证相符。而云会计中各类凭证转化为数据化信息进行云端存储，如果有任何操作上的失误，造成数据错录或数据漏录，都会对会计鉴定造成困扰。此外，原始凭证反映了双方交易时最真实的状态，而数字化存储则弱化了这一点，云会计服务商和企业本来即为合作方，如果联合造假，将为会计鉴定带来极大的困扰。再者，传统会计纸质化凭证来源多样，有着间接或直接的证明作用，而云会计中的信息数据来源单一，难以像纸质化凭证一样令人信服。最后，网络环境下的会计数据存在着被修改的可能。以上几点若无对策，将会降低云会计犯罪的门槛，增加会计鉴定的难度，造成取证困难。

2. 取证难度增加

在大数据时代，犯罪分子如果通过云会计进行犯罪行为，则这类犯罪分子往往具有较高的能力素质和较强的 IT 水平。他们可能会通过篡改数据、输入恶意代码等黑客行为来控制和破坏云会计技术平台，从而达到窃取商业机密、破坏公司数据的目的。同时，这类犯罪行为往往具有犯罪主体不确定、犯罪行为技术高、犯罪手段隐蔽等特点，大大提升了取证的门槛，比传统的会计犯罪行为更具侦破难度。

犯罪主体不确定是指传统的会计犯罪往往是内部人员所为，这些人员熟悉内部业务与账本，可以达到犯罪目的，因而犯罪主体比较单一，容易被查找。而云会计犯罪不仅仅局限于企业内部人员，还有可能是接触到此服务器的维护人员、技术人员等一系列有进入权限的人，或者是掌握 IT 技术的多个人员组成的团伙，这无疑增加了确定犯罪主体的难度。

犯罪行为高技术性是指云会计犯罪分子往往具有高超的 IT 技术水平。这些人由于对云会计平台比较了解，能够利用云会计平台的漏洞来实施犯罪行为，极有可能是同时具有 IT 知识和会计知识的综合人才。另外，这些高技术犯罪也需要侦查人员具有高超的 IT 技术水平，这对侦查人员的 IT 技术提出了更高的要求，增加了破获犯罪分子的难度。

犯罪手段隐蔽性是指云会计犯罪行为具有地点不确定和痕迹遗留较少等特点。在传统的会计犯罪行为中，犯罪分子往往受到时间和地点的局限，如其一般通过偷取账本、破坏设备等方式去实施犯罪。而在云会计犯罪中，犯罪分子往往只需要输入几个代码便可以达到目的，甚至可以远程操作，不受地点的限制，也不用破坏任何软硬设备，这也大大增加了侦查难度。由于该类犯罪行为是通过网络去实施的，而云会计具备无纸化的特点，使该犯罪行为的实施可能只会留下一些小小的修改数据痕迹，而这些痕迹还会被新的数据修改覆盖，最终消失遁迹，这将使调查和取证变得十分困难。

随着云会计的不断发展，云会计犯罪手段将会越来越多样化，对各方面都提出了新的要求，这一新问题将会成为各界关注的焦点。

3. 地域权限不明

云会计现在已经成为全球企业财务外包的新趋势，用户可以在互联网上全球挑选云会计服务。因此，云会计服务经常会出现跨国、跨境的情况，而外资公司有可能在国外的公司使用云会计，而在国内也使用相同的云会计服务，或者国内的公司与国外的合作伙伴使用同一套云会计服务。这种跨境、跨国的云会计服务往往会出现地域权限不明的问题。由于各国的法律不同、会计准则不同，导致司法鉴定无法确定权限，信息的来源不能准确分辨。而已经取得的信息在向来源地进行确定时，也会面临因法律和准则不同而涉及违法或泄露商业机密的情况，这也是云会计结合大数据和全球化之后出现的新问题。

三、企业应用云会计面临的风险

本书分别从企业选择云会计服务商和应用云会计平台两方面进行分析，总结出云会计的风险，即主要集中在企业应用云服务的决策风险、会计数据安全风险、组织及人员变革风险、操作风险以及法律法规风险。下面将进行具体叙述。

（一）应用云服务的决策风险

应用云服务决策的主要风险有以下几种。

（1）决策风险。企业是否使用云服务，使用云服务而放弃老财务软件的成本风险。

（2）资金投入风险。投入资金没有达到预期的效益。

（3）选择云服务商不当，对服务商信誉不了解。企业过度依靠服务商平台，当平台供应商出现违约时，企业与平台信息不对称，致使企业享受服务过程中断的风险。

（4）对云服务以及云服务风险缺乏认识。无规划租用云平台，且使用中对风险不进行监督防范。

（5）退出风险。选择云服务是没有做完整规划或规划意识不足，没有具体的脱离变更年限，当企业需要脱离原云服务商时如何应对成为问题。

（6）模式与目标选择不合理。企业没有依据自身需求选择云会计模式，乱使用云会计产品，致使企业经营目标出现偏差。

（二）会计数据安全风险

会计数据安全主要面临的风险有以下几种。

（1）黑客攻击。会计信息存储通过互联网实现，存储模式改变，给黑客提供了机会。

（2）系统登录风险。登录认证和加密技术存在隐患，可能会让企业同一级别人员有机会窃取数据。

（3）病毒非法入侵风险。云会计系统存在病毒侵入的风险。

（4）停用后数据销毁风险。在企业不再使用此服务商提供的平台后，服务商对数据的销毁是否彻底，企业是否还能再次查阅以前的数据。

（三）组织及人员变革风险

组织及人员变革主要面临的风险内容如下。

（1）组织内部冲突。企业各个部门可能会一定程度地抵制云会计的实施，例如引入高效的云会计，不需要那么多人来操作，有些员工可能担心会被裁员。

（2）业务变更不适应。适应了原来财务系统的财务人员，对于新的业务和新的云会计模式不能很好地结合，造成业务与财务不适应。

（3）人员变革抵触。云会计模式下的会计工作变化，给财务人员带来挑战，其中可能有部分人员不愿意接受新事物带来的挑战。

（4）人员培训成本高。相比传统模式，新模式下企业需要投入时间和精力重新培训人员，培训成本高。

（5）人员操作风险。云会计需要制定操作指引和规范，人员可能不按照既定的规范和要求进行操作。

（6）人员发展不合理。云会计实施后，强调财务与业务的深度融合，企业如果没有及时调整人员的考核体系、职业发展渠道，可能会让员工对未来发展感到迷茫。

（四）操作风险

系统操作主要风险内容如下。

（1）操作水平更新不足。云会计平台及时更新，而用户操作人员不能及时更新。

（2）风险责任划分不明确。用户内部权限职责不规范，高级别权限可能会冒用账户登录系统，修改个人权限和资料，给企业带来不必要的损失。

（3）业务中断。云系统内同时操作人员过多，造成系统卡顿，不能及时处理企业发生的业务，处理效率低下。

（五）法律法规风险

法律法规主要风险内容如下。

（1）被侵权风险。由于会计信息安全相关法律不完善，针对云会计在互联网上的应用，各方的权利和义务划分不明确，信息化标准不统一，导致企业的财务数据被非法使用，商业机密被泄露。

（2）企业的组织结构、数据的管理方式、税务申报的模式可能不符合现有的规范。

（3）被监管部门暗中监管的风险。云平台改变原有的“信息孤岛”模式，不仅仅是企业，还包括各种外部机构，国家的监管部门如税务、审计、公安执法部门，都能对云网络中的违法行为进行合法的监管。所以在企业不知情的情况下，可能被暗中监管，如果企业不诚实经营会面临很大的风险。

综上所述，企业在应用云会计时会面临以上五类风险，而每类风险涉及几个主要风险项目，以此作为后续问卷设计指标体系的基础。

四、云会计在企业应用中采纳意愿的影响因素

影响云会计采纳行为的因素比较复杂，为了更好地梳理这些影响因素，下面以 TOE 框架为轴，结合创新扩散理论和制度理论等，从三个层面探究并总结云会计采纳的影响因素。

（一）技术因素分析

云会计是一种新型商业服务模式，具有投资成本低、服务专业、数据处理高效、业务拓展能力强、按需服务等特点与优势，可以帮助企业有效地实现会计信息化，而云会计自身的技术特征是影响用户采纳非常重要的因素。由于创新技术较通用的技术特征是兼容性、复杂性和相对优势，众多研究证明兼容性、复杂性、相对优势可以显著影响用户采纳创新技术。

云会计的采纳除了受到一般创新属性的影响外，还与其自身的特性相关——成本低廉和数据安全性。从实际应用而言，企业用户是否采纳云会计，与其注重成本节约直接相关。因为使用云会计不需要对现有的计算机基础设施进行升级改造、不用多投入资金去增加新的计算机基础设施、不用雇用 IT 人员，也不用花费资金或人力投入维保售后，企业只要提供可以联网的终端设备，就可以使用云会计服务，产生的成本只有云会计服务、网

络流量费用，这样可以最大限度地降低企业在会计方面的费用开支。

云会计虽然优势明显，但大多数人对云会计服务仍持观望态度，不敢轻易踏入该领域，而数据安全性是他们考虑的主要因素。通过梳理前人研究成果，发现数据安全性也是影响云会计采纳的关键因素。从企业角度考虑，使用云会计就意味着把所有数据存储在无法直接控制的云端，云会计服务商肩负着这些信息不被泄密、篡改、丢失的责任，但由于存在黑客、木马、病毒等危险，云会计服务商可能无法确保数据的安全性。事实上，财务信息是非常重要的商业机密，一旦数据被盗、篡改或者丢失，将给企业造成难以想象的损失。

综上所述，从技术维度来看，云会计服务的相对优势、复杂性、兼容性、数据安全与成本节约等是较为普遍的可促进采纳行为的影响因素。

（二）组织因素分析

组织因素也是影响企业采纳云会计的重要因素。结合云会计的特征，我们将影响云会计的组织因素归纳为高层洞察力、员工知识素养、组织惰性三点。

洞察力是指能准确无误掌握事物的本质、正确地寻找到解决问题的方法、面对问题对症下药的能力。假如高层对云会计具有高度的直觉洞察力，从而表现出对云会计的支持态度，就能够推动企业采纳云会计。在采纳云会计之前，企业根据各方面带来的挑战和机会，最终由企业高层决定是否采纳，而且在指挥采纳决策进程中，企业高管的支持是确保组织接受过程顺利的重要因素。随着每一种创新信息技术被组织采纳，会出现技术变革、任务变革和组织变革等，这些都是采纳决策进程中的不稳定因素，所以企业高管的决策支持是信息技术创新采纳中不可小觑的重要因素。实证研究结果也表明，绝大多数的信息技术采纳行为决策最终还是由企业管理者做出。因此，高层管理者对云会计是否具有洞察力，是否愿意采纳云会计，对推进云会计的实施具有重要影响。

员工知识素养在这里特指员工对云会计的知识水平，即对云会计的认识、理解和可应用水平。新技术的实施效果与组织成员认识、理解和应用该技术的联系非常紧密。组织的采纳行为，组织在各个阶段采纳学习创新技术的程度，都受到组织成员知识水平的限制，知识水平不够是大多数组织在采纳进程中遇到的最常见的障碍。当组织缺乏经验知识时，在学习新技术过程中就一定会出现各种问题和矛盾，很多企业可能会推迟新技术的采纳，直到他们拥有足够的知识素养。此外，用户的实践能力与经验是新技术认知和采纳的基础，具有较高知识素养和实践能力的个体更愿意采纳新技术。简言之，员工知识素养的高低对云会计的采纳和应用有着非常重要的作用。

组织惰性是管理学领域中的一个前沿问题，但是对其相关研究比较少。综合众多学者的分析，可以将组织惰性定义为由组织自身的企业战略、企业结构和企业文化等高度耦合形成的，并且它是组织模式不轻易被改变的一种特质。组织惰性阻碍组织变革，且长久阻碍组织变革，即使感受到外部环境的变化，也经常不能有效迅速地做出反应。对比变革创新，组织内部更倾向于稳定性。因此，一般情况下，组织不会主动做出变革，而是稳定发展，组织更愿意保留惰性而拒绝变革。当存在组织惰性时，意味着企业对以往的成功模式产生依赖性，企业战略框架、业务流程和企业文化等将滞后，对企业的变革形成持续阻力。尽管有许多因素驱使组织变革，但组织本身具有的惰性特征往往会使企业维持原有的战略模式和习惯。因此，云会计的采纳涉及业务流程再造和企业组织变革，组织惰性会严重阻碍云会计的发展。

综上所述，从组织层面来看，高层洞察力、员工知识素养、组织惰性是企业云会计采纳意愿的重要影响因素。

（三）环境因素分析

处在社会环境当中的所有个人和组织都会受到外部环境的影响，因而环境因素也是影响企业采纳云会计的重要因素。以往学者在分析创新技术采纳时，一般会结合企业制度理论分析设定 TOE 框架中的环境因素。制度理论认为组织处于某制度环境中，环境中某些不可控因素会影响甚至改变组织的行为决策，即企业不是因为对该技术的真实需求而采纳该创新，而是由于受外部的环境压力影响。

制度理论通用的环境因素包括潮流压力和竞争压力等，众多研究也证明了潮流压力和竞争压力是影响用户采纳创新技术的重要因素。

另外，云会计的采纳除了受到一般环境因素影响，还与其自身所处的特有环境有关——标准化缺失。目前，云会计在我国仍在发展，还没有出台对云会计有指导性和约束性的正式文件，服务商仅凭借其商业习惯和逻辑进行开发相关的软件然后提供服务。虽然企业可以根据自身的需求来选择购买相应的服务，但服务商尚未提供统一标准的服务。由于云服务商开发软件和提供服务没有统一标准，使不同服务之间的互联互通性很差，会产生很多问题。例如，用户将财务数据分别交到选择的多家云服务商手中，那么如何处理、汇总分析相关数据？又如，当用户将会计数据交给某家云服务商，如果与该服务商终止合作，如何将本企业数据迁移至另外一家云服务商？同时，由于标准化缺少，对于不同云服务商供给的服务怎样计费与评估？这些都有困难。当企业用户考虑到目前云会计标准化处于缺少状态，可能会延缓对其的采纳，以避免产生后续数据不符合标准及迁移问题等。所以说，标准化缺失是影响用户采纳云会计的重要因素，只有加强标准化体系建设，才能保证云会计的健康稳定发展。

综上所述，从环境层面来看，潮流压力、竞争压力和标准化缺失都是企业云会计采纳意愿的重要影响因素。

第三节　企业会计信息化下云会计应用的完善对策

为了更好地运用云会计，推进国内会计信息化发展，提高企业的会计水平，增强核心竞争力，从而为广大用户提供更优质的服务，本节针对云会计可能出现的问题，结合国际上一些先进经验和做法，拟订了一套解决方案和应对措施，具体如下。

一、相关法规标准的完善

为了更好地完善法治建设，搭建适合云会计行业发展的法律环境，这里建议从法规层面加强个人信息、数据流转、公共安全等方面的保护，建立相应的法规体系。

（一）公共安全保护

在特定条件下，政府可以通过技术手段接触个人信息，像美国的《爱国者法案》《联邦信息安全管理法案》和加拿大的《国防法》等都在这方面起了重要作用，即通过保护方案的出台，能够保障整个信息环境的公共安全。

（二）个人信息保护

早在20世纪80年代，美国就制定了《电子通信隐私法》，一些社团、组织和重要企业已经达成基本意向和共识，目的是在保证ECPA能够适应时代发展的基础上，继续发挥个人信息保护作用。欧盟也于2009年修订了有关个人信息保护方面的法令。因此，在互联网蓬勃发展的时代背景下，我们应该加快个人信息保护法案的出台，为用户提供更有力的隐私保护；同时为政府机构保留必要的法律手段，以保护普通民众的合法权益。这是发展云会计行业的基础。

（三）数据流转保护

欧盟的《个人数据保护指令》是对数据流转保护最著名的法律。为保护民众信息不受侵害，确保信息安全，欧盟委员会或成员国要对欧盟以外国家的数据保护水平和安全措施进行评估，从中筛选出与欧盟水平相当的国家录入“白名单”，欧盟的数据信息只和这些国家相互流通，“白名单”以外的国家则被禁止。我们国家也可以借鉴这种形式，列出符合我们要求的“白名单”。

（四）标准化建设

通过对30个标准化组织和协会推出的云系统标准进行分析，得出这些标准主要围绕四个方面展开，即交互标准、服务标准、基础和通用标准、安全标准。

1. 交互标准

交互标准主要针对服务商锁定、供应商锁定、资源和管理等问题，致力于搭建互联互通、稳定高效的云会计环境，并对基础设施式服务、平台式服务、软件式服务的各层技术和功能进行规范，从而对各级服务商、供应商提出标准要求。

2. 服务标准

服务标准主要针对云会计各个环节的服务进行规范，包括服务范围、服务质量、服务计量，设计委托的业务内容和种类，提供服务的时间与地点，服务的费用计算，其中主要提供服务收费的参考值。

根据发达国家的经验，结合国内的云会计现状以及技术水平，建议从基础和通用、交互、安全、服务和其他五个方面搭建体系结构。

3. 基础和通用标准

基础和通用标准是指对云会计的一些基础、共性的概念进行标准制定的。其一，云会计基本术语应对云会计领域用于正常交流的用语进行规范，并进行清晰的名词解释；其二，云会计结构框架应明确各相关方的职责范围和关系，阐述基本活动流程和所在的位置与环境；其三，云会计标准指南应对各相关方研究方向进行指导。这些基础标准的意义在于提供一个客观的参照物，避免在基础层面产生理解上的歧义。

4. 安全标准

安全标准主要关注运行安全和信息安全以及云与云之间的关联控制，从而保证数据存储的安全、正常读写的安全、用户隐私的安全和跨云转移的安全等。总的来说，企业在应用云会计建设企业会计信息化时应设定系统基本目标和方向：首先对行业实际情况进行分析，然后根据掌握的行业实际情况再进行相关标准的制定，密切观察市场的变化和反馈信息，在有一定实际经验的基础上进入立法程序，完善国内网络通信安全法律体系，消除企业对云会计的法律顾虑和担忧，并加快推进“信息安全法”的出台。

二、安全可靠度的提高

云会计作为会计信息化的新阶段，从概念提出到实际运用要经历很长一段时间，用户能否将涉及商业机密的会计数据转移到网络平台，这其中云系统的安全可靠度至关重要。因为如果云会计不能提供足够的安全保护，会导致用户的经营活动不能正常开展，商业机密被泄露，造成不可估量的后果。为了降低用户的安全风险，应建设安全管理体系，采取一系列的防范措施。

（一）统一观念

安全可靠度建立在云会计和用户双方共同认知基础上，属于相对概念，不能单方面说某种行为或结果是安全还是不安全，而是需要双方首先要达成统一认识，明确双方认可的安全策略：一是要合法合规；二是要遵从双方签订的合同，要清晰知晓规定的安全条款。

（二）可评审性

云会计是一种天生不对等的服务，用户租用云会计服务商的基础设施、平台和软件，除了基础数据之外全部由云会计服务商负责维护和管理，系统一旦出现问题，用户很难采集证据进行维权。在这种情况下，需要引进独立第三方机构，对云会计日常运营管理进行审计，能够自由获取重要的审计信息。他们不但要了解云会计服务商的内部管理和工作流程以及授权情况，还要了解风险的管控措施、应急处置预案和应对突发事件的能力，编写关于云服务的运维报告，在规定的情况下向指定对象公布审计结果。只有合同双方行为具有可评审性，才能做到公平、公正。

（三）运行安全防护

云会计服务商要确保用户的会计数据不丢失、不损坏，无论是数据转移还是系统维护升级，都应保证云系统的正常运行。为了能够做到运行安全，应做好以下防护措施。

1. 机房环境

云会计服务商需要强大的计算能力和巨量储存空间，那么其计算机中心从选址到环境管理都需要科学的筹划。首先，选址不宜在自然灾害多发的位置；其次，需要供电、供水、供气稳定，通信功能强大；最后，对中心内的服务器、储存器合理布置，确保室内的温湿度稳定，具备双路供电和 UPS，拥有防静电、防浪涌保护等功能。

2. 备份、冗余

云会计服务商还必须做好用户数据的备份工作，利用快照技术、IO 级远程复制技术、镜像卷技术等手段进行本地备份和异地备份，一旦数据发生损坏，能够及时得到恢复，防止重要的会计数据丢失；利用双机热备技术确保云系统的正常稳定运行，避免升级过程中发生崩溃。在技术准备的基础上，要进行相应的测试，定期进行演练，提高应对突发事件的应急处置能力；针对极端情况，如模拟年报时段，测试整个系统承受负载能力，是否能够满足极端大数据的冲击。通过这些措施，来确保用户会计信息的完整、准确，保证用户正常的业务往来。

3. 管理

除了设备设施要考量外，人员管理也是不可忽视的方面。要确保维修人员到位，按规定对设备设施进行维护保养。还要确保安保人员到位，看护计算机中心的设备设施，对于安全区域、敏感区域未经授权不得靠近，保证设备设施的完好。

（四）信息安全防护

信息安全是云会计技术上的主要难题，需要云会计服务商和用户通力合作，才能将风险降至最低。

1. 安全投入与研发

云会计服务商要加大网络信息安全的资金投入和人力投入，研发出安全可靠的云系统。例如，改变原有的静态密码，利用 USB Key 动态密码、不可逆加密处理、SSL 加密数据传输以及 iPhone 使用的指纹验证等技术，确保身份验证更加便捷、安全，牢牢守住系统大门，将非法入侵者拒之门外。

2. 提高防护等级

设计研发能够抵挡黑客或恶意软件侵入的木马病毒监测、防御系统，利用虚拟技术，设置虚拟化安全网关，搭建坚固有力的防火墙，提高系统维护和升级水平，及时修补漏洞，切实提高信息安全防护等级。

3. 工作人员安全管理

云会计与传统会计不同，它是建立在网络上的平台，具有非常强的共享能力，如果没有权限限制，任意一名人员都能够浏览或修改平台上的全部数据，这对于用户信息来讲是一件非常危险、不可控的事情。另外，由于用户和云会计的工作人员作为云系统的行为主体，接触系统的概率更大，产生的安全风险也更高，过去发生过很多次因工作人员引发的信息安全事故，因此加强相关工作人员的安全管理具有非常重要的意义。

工作人员的安全管理主要涉及权限管理和流程管理，这两方面主要考验着企业的内控水平，用户需要为每一名员工设定账户、密码，并分类进行权限设定，授予不同的功能权限。云会计服务商同样如此，需要规定每一层级的权利和可接触数据的范围，明确存储、加工、输出等各项工作流程，每个账号授权的开通、变更和删除都要经过专业部门严格审批。加强工作人员的保密意识，不能泄露权限密码。同时，云会计服务商还需要建立一套安全监控系统，记录无论是用户还是自己员工的每一次操作时间、操作主体、涉及的内容信息等，以便向用户提供所有数据和应用程序的操作记录审计报告，作为会计信息安全事故时的证据保存。

（五）安全分级

在实际应用中，在同等条件和功能前提下，云会计服务商相较于一般企业要更加安全。但企业可将部分数据保留在企业内部，企业对这部分数据拥有完全自我控制权和高度安全性。考虑到国内云会计仍需要不断发展，通信信息安全和相关法律法规还不够完备，企业可以根据自身情况分阶段运用云会计，有选择地使用功能模块，将会计信息进行安全等级划分，将一般数据放到云会计系统，将重要数据留在企业或使用专属云系统，以保证企业会计信息的整体安全。

（六）退出机制

企业在使用云会计服务时应考虑安全问题，在退出或终止云会计服务时同样需要考虑安全问题。具体而言，就是在双方约定之初就应该保证企业拥有“退出权”，也就是说一旦企业决定不再使用或转移云会计服务时，云会计服务商则不能再保存该企业的会计信息，作为数据备份，存在其他位置的相关信息也应彻底删除，在法律规定的期限之外，与该企业相关的日志、追踪记录等数据信息也应全部清除，从而消除退出之后遗留数据的安全隐患。

三、加强流程的监管

由于云会计服务对企业的重要性和未来可能占据的广阔市场，政府必须提前筹划对云会计服务商的监管，建立准入、退出机制，严格审核服务商的资质，确保有能力、有信用的服务商进入这个领域，承接相关业务。同时，要对已获得资质的云会计服务商进行定期和不定期审查，及时发现不合规服务商，取消其资质，解除其所承接的相关业务，赔偿造成的损失。

（一）资质评估

监管的前提条件是设定行业标准，依据标准进行资格审查和资质评估。优质的服务商更能够执行法律法规和行业规范，保障会计数据的运行安全和信息安全，从而更好地培养行业竞争环境，做到可持续发展，最终保护用户的会计信息安全。这里所说的标准更侧重行业规范，但本质并没有什么不同。从安全角度讲，基础设备设施应安全可靠、易维护、可扩展、有较强的抗冲击力、出现问题能够及时恢复；从服务角度讲，应具备传统会计专业所有的业务功能。此外，还应具备良好的交互环境、简明的业务流程、较强的信息更新和共享能力，在保证各个云会计服务商自主权的基础上，统一导出的会计数据具有兼容性，防止形成垄断和隔阂，提供给用户更多的选择空间，形成良性的竞争环境，预留财务、税务、审计等标准化信息接口，从而提供支持决策能力、风险预警能力、内外部审计能力、税务监管能力等；从信誉角度讲，应具有良好的口碑、较高的用户满意度和相关方较好的信用度。

依据 CMMI 软件能力成熟度集成模型的能力度等级划分标准，结合安全、服务、信誉三个方面的用户需求作为考量，将云会计划分为 5 个等级（1~5），综合能力依次增高，具体定义解释如下。

（1）不可用级。系统运行不稳定，会计功能缺失严重，无信誉或信誉评价较低的云会计，属于不能通过资格审查等级。

（2）待审级。系统运行不稳定，会计功能较完善，无信誉或信誉评价较低的云会计，属于资格审查待观察等级。

（3）可用级。系统运行较稳定，出现故障后能够及时恢复，会计功能较完善，基本能够满足用户的需求，并有一定的指导作用，能帮助用户提升会计信息化水平，信誉评价较好的云会计，属于可通过资格审查的最低等级。

（4）成熟级。系统运行稳定，有系统的安全管理措施，很少出现大范围故障，出现故障后能够及时修复，并且在用户的可接受范围内，会计功能完善，拥有高级会计功能，设计标准接口，可为财务、税务、审计等工作提供决策依据，定期进行系统维护和升级，同时有较强的品牌认可度，用户评价等级高，潜藏市场购买力，拥有一定用户忠诚度。

（5）成功级。在成熟级的基础上，通过国际权威评估机构认证，系统运行非常稳定，有完善的安全防护团队和行之有效的安全防护措施，极少出现大范围系统故障，很少出现模块故障，对企业会计业务有很强的指导作用，能够为财务、税务等相关业务提供完备的决策支持，能够与时俱进，可以及时调整、扩展新功能。同时，在专业领域具有丰富的经验，有很多成功案例，在安全、服务、信誉上有很高的评价，是用户信赖的系统，占有较大的市场份额。用户可将评估结果作为指导，结合自身企业的实际需求，选择相应等级的云会计服务，实现更高效的投资收益率。

综上所述，会计信息失真、会计资料证明力不足等问题是会计信息化发展带来的新问题，是监管部门需要尽快解决的问题，只有及早提出鉴定技术标准和解决方案，才能使企业更早、更放心地尝试云会计服务。

（二）取证困难的解决方案

云会计数据无时无刻不在发生着动态变化，制造出的海量信息需要加工处理，而这些信息绝大部分在后台运行，并不表现出来，由此带来的就是取证困难的问题。针对这一问题，我们可以引进有资质的独立第三方评审机构，对云会计服务商和用户的操作进行追踪记录，编写运维工作报告。司法鉴定人员在取证前，要对相关信息和功能进行详细的调查，掌握涉及的各种因素和信息、工作流程和后台数据处理详情，以问题为导向，相应扩大或缩小调查取证的范围，查找能反映问题的关键点进行收集和保全。另外，由于第三方评审机构的独立性，可相应减少调查取证的难度和证据分析的工作量，也能够督促合作双方更加严格地执行规章制度。

（三）会计信息失真的解决方案

如果云会计运用得当，不仅不会增加会计信息失真的风险，还可以有效防控和避免传统会计信息失真问题。

（1）会计科目设置不合理，管理混乱问题。企业使用云会计服务后，会计科目由服务商设置，在功能设计上会参考相关专家意见，这会减少出现不按会计制度操作的行为。

（2）使用假发票问题。由于云会计基于网络工作，在登记发票时可以和税务部门进行联动，设定发票唯一性的标识，一旦发票标识不符，则无法填写、上传，这样就可以有效防止用假发票顶账的情况发生。

（3）信息披露不实的问题。由于云会计有较强的共享能力，只需要求云会计服务商将披露的信息进行共享设置，则会大大减少这一问题。

（4）记账不及时，随意性较大。由于云会计拥有独立第三方进行动态评审，一旦出现记录不及时的情况，通过日志便能够清晰地查明，从而监督用户行为。

（5）手续不完备。云会计需要符合准入机制才能进入市场，这样就可以控制云会计服务商在软件设计时增加手续完备性验证，一旦发生手续不完备的情况，则会及时报警。

（6）签字、印章造假问题。对于这一问题，云会计具有天然技术优势，可以将人员姓名进行加密，无法进行汉字输入，只能通过输入密码的形式转换成汉字姓名，这样就可以保证非本人使用则无法签字。同时，电子章则编制用章记录，每次使用都会记录用章时间、用章位置、使用人等信息，以便日后审计。

（四）其他问题的解决方案

1. 证明力不足的解决方案

针对数据形式单一和原始凭证缺失造成会计信息证明力不足的问题，云会计除了文字与数字，还应添加图像、位置信息、临时性文件、备份数据、备份时间和人员信息等。其中，计算机和声像资料鉴定技术是新兴的司法鉴定技术，它将信息的加工、存储、传输以数字化形式表现出来，作为鉴定的对象，正在广泛应用于很多行业；而后台加工处理的数据信息可以作为间接会计资料使用，由于运行日志可以记录每一步操作，因此它的证明能力要比传统会计资料的证明力更强。

2. 地域权限问题的解决方案

由于这个问题涉及两个甚至多个不同的地域，应该由这些不同的地域政府部门共同解决，方法就是建立统一、相互认可的标准，列出“白名单”。只要在名单范围内的地域，都能够达成共识，在处理问题上则不会有太大差异；而与名单外的地域合作，则要谨慎选择。

3. 鉴定模式的转变

首先，要承认会计环境在不断变化，云会计必将成为会计信息化未来前进方向这一事实，才能调整心态，积极接受新观念，迎接技术发展带来的挑战；其次，未来的会计司法鉴定技术必然要与网络通信信息技术紧密联系在一起，因此会计司法鉴定人员要学习、掌握计算机声像资料鉴定技术、电子信息鉴定技术等作为传统鉴定技术的补充，深入了解电子信息一致性检验、数据库检索和信息恢复等相关计算机知识，在收集、保全证据的过程中，着重筛查证据的有效性、真实性，判断所选证据的证明能力。

四、传统会计运行阻力的克服

传统会计行业从业人员和已经形成的规范流程会对云会计发展造成阻力。但作为会计信息化发展的必然方向，云会计可以为国内更多的企业提供专业服务，提高会计工作水平，因此要坚决克服惯性思维，大力推进云会计行业的发展。

（一）政府扶持力度的增大

国内云会计的发展仍在持续，但相对于传统会计信息化系统仍很薄弱，若想帮助其快速健康发展，则需要政府的大力支持，即充分发挥国家科技项目、重大科技专项的支撑作用，采用无偿资助和后补助等多种形式加大政府的资金扶持力度，鼓励社会投资，支持云会计的研发、关键技术的研究，实现云会计产业化，持续推进、不断完善、及时总结云会计试点工作，总结经验教训，逐步推广，将云会计企业纳入国家规划布局内的重点软件企业、高新技术企业和技术先进型服务企业的范畴，按规定享受相关税收优惠政策。

（二）软件宣传和引导方面的加强

任何技术创新都会遇到传统力量的阻力，就像执行会计电算化之初也受到各方的压力，如员工不具备使用计算机操作的能力，传统纸质记账方式、工作流程被打破，会计电算化系统不稳定，出现故障或升级等过程会对企业正常经营造成影响等。但随着技术的发展，系统的稳定、会计程序的简化、数据处理工作量的减少、业务办理时间的缩短、数据信息准确性大大提高等优势凸显，用户看到了技术带来的优势与效益，自然会主动使用新技术。云会计现在遇到的问题和当初会计电算化遇到的问题相似，很多人都或多或少地知道云计算或者云之类概念，但不够深入，说明当前的任务就是让用户能够了解和接受这一新技术。

第一，加强政府引导。在新技术投入使用之初，云会计服务商在行业前景不明朗的情况下不敢贸然推进，在此情况下，政府应当表明立场，牵头与实力雄厚的云会计服务商进行合作，选择适合的城市、地区开展示范性工作，向市场发出明确的信号。

第二，加强软件宣传。很多企业不了解云会计的原因是没有认识到它能提供何种服务，这种服务能为用户带来怎样的效益，归根结底是不清楚它相较于传统会计信息化的优势。因此，在对云会计进行宣传推广时应特别突出对优势的描述：不必增加基础设备设施，不必购买专业会计软件，不必担心设备维护维修，节省人力，缩减开支，支持移动办公，提高工作效率，帮助增加核心竞争力等。在此基础上，引入政府试点项目和成功案例，从实际应用角度出发，增强宣传的力度和真实性。

（三）云软件自主平台的拓展

目前，国内一些知名软件公司已经推出云概念会计服务，具有在线记账、资金管理、报表处理等常用功能，但还存在一些缺陷，如缺乏预警功能、决策支持功能以及不能提供定制服务等。可以说，国内云会计行业还没有真正意义上发展起来，与国际先进企业有不小的差距，无论在技术、资金还是人才储备上都显得非常薄弱，面对这种情况，政府应当牵头整合云计算和会计行业的资源储备，打通上下游关系，加大资金投入和人才引进，鼓励社会各厂商和科研机构以及个人研究实践，从而降低开发难度，缩短研发时间，分散安全风险，通力合作开发云会计自主平台。

企业应该根据自己现有的设备设施，在服务保障的基础上，建设符合国内实际情况的云会计平台，增强数据的加工处理能力、软件的交互效果和网络的抗干扰能力；利用故障自检自查、自动报警等功能及时自动恢复或人工修复云会计，加大网络通信建设，提高用户与云会计服务商信息同步的实时性；大力开发适用于苹果、安卓、Windows 系统的移动通信设备客户端，充分发挥移动办公的优势；分析现有的会计信息系统、使用习惯和业务流程，抛弃革命式的转型模式，选择循序渐进的转型途径，与现有系统进行融合，平稳过渡到云会计，从而更好地满足用户的需求。

（四）内部控制

为了更好地运用和发展云会计服务，客观评价系统的风险情况，确认系统的可信性，清晰地向用户展示云会计的安全可靠程度和服务质量，以便消除用户的使用疑虑，云会计服务商应当建立内控机制，进行风险评估，深层次挖掘系统可能存在的漏洞和危险等有害因素，从而满足用户最基本的需求。

用户对云会计信息系统的需求是变化的，这表明一次性的风险评估并不能满足用户的发展需求。因此，当用户的要求提高时，云会计服务商将重新进行风险评估，判断是否能满足用户的新需求，如果无法满足，则需要升级云会计。当然，用户的需求越高，云会计的投资就越高，相应的服务费用也会提高，用户应根据自己的实际情况和需求来选择云会计的服务水平和等级。

1. 风险分析对象

云会计属于网络软件系统，它不仅要保证输出结果的正确，还要保证整个处理过程的合规。因此，云会计是否能够满足用户的需求，不仅包含安全指标，还涉及服务、功能等多项指标，也包含信息的输入、加工、输出等环节。也就是说，风险分析的对象不是单一指标，而是一项综合标准，这里就将这个标准称为可信性。可信性是指云会计所提供的各项功能、各项流程、各项服务均满足用户的预期，同时云会计输出的信息也符合财务人员、决策人员、审计人员、税务人员、司法鉴定人员等相关使用者的预期。

2. 云会计可信性层次结构框架

可信性是一项综合标准，是由许多指标共同组成的，这些指标可以用来表达和评估软件系统的各项能力，透过这些能力可以更准确地理解整套系统的可信性内涵。截至目前，很多专家对云会计可信性的解读存在差异，其中大部分专家认为可信性是云会计须满足非功能性需求。所谓非功能性需求，是指必要且普遍的需求，如安全可靠性、易用性、可维护、可升级以及可扩展等。根据云会计的环境特点，这里并没有将可信性特征限定在非功能性需求范围内，而是考虑用户对云会计的实际需求，如会计信息的质量特征以及合规性；还有审计人员、税务人员、司法鉴定人员等其他相关使用者的需求，将这些需求结合在一起组建一个云会计可信性层次结构框架。

根据云会计可信性特征的重要程度，可以将这些特征分为三层：基础可信性特征、关键可信性特征和扩展可信性特征，具体包括合规性、可用性、可操作性、安全可靠性、可控性、可发展性、可追踪性和支持性八个一级可信性特征，每个一级特征下又包含多个二级可信性特征。其中，基础和关键可信性特征是云会计必须具备的功能属性，扩展可信性特征是提升云会计可信性水平的功能属性。

在云会计的一级可信性特征中，可用性、可操作性、安全可靠性及可发展性可信性特征更侧重于技术研发和编程，而合规性、可控性、可追踪性和支持性可信性特征更侧重于管理层面，包括内部控制、系统控制和相关方控制等需求。考虑到云会计的设计初衷和使用特点，下面将对一级可信性特征进行分解：根据云会计快速发展和用户需求不断变化等特点，将可发展性又细分为可扩展性、可升级性、自检测性和自恢复性；根据用户体验越来越被关注的趋势，将可操作性分解为集成性、易交互性和易操作性；根据审计、税务、司法鉴定等相关要求，将其共同特征归为可追踪性，将其作为一级可信性特征表述，但作为可追踪特征的技术支持应当包含数据后台加工处理的完整性记录，数据输出的标准规范格式，这些技术支撑可作为第三级可信性特征，这里没有单独罗列。除此之外，云会计作为企业管理系统的一部分，应该与电子商务系统、OA、ERP、HR 等系统融合统一，形成一体化的管理系统，提高事件记录的效率与功能，避免人员的浪费和多系统造成的管理成本升高，综合提升用户的管理水平。

3. 基础可信性特征

基础可信性特征代表云会计的各项功能均应满足的最基础特征，对每个功能都起着相当重要的作用，是评价云会计可信性的最低标准。换言之，如果一个云会计不满足基础可信性特征要求，就没有进行可信性评价的必要。云会计基础可信性特征包括合规性、可用性和可操作性，是作为会计软件必须满足的功能，也是用户最根本、最基础的需求。

（1）合规性分为合法性与合规范性。合法性侧重于涉及会计的相关法律、行政法规、行政规章等；合规范性侧重于行业规范、技术标准、企业内控等国内外相关标准规范等。

（2）可用性分为准确性、实时性、同步性。其中，准确性是指根据用户输入的会计数据，通过云会计的加工运算能够得出准确的会计信息；实时性是指会计数据可以随时进行更新并录入，加工处理后的信息能够及时反馈，不会出现数据显示延迟的现象，确保系统所显示的结果是最新的数据信息；同步性是基于云会计具有很强共享能力而提出的，云会计所显示的会计信息不仅输出到云会计网络平台，还可能输出到其他系统，因此要保证不同系统从同一云会计得到的数据信息是相同的，就必须满足同步性要求。

（3）可操作性分为集成性、易交互性和易操作性。其中，集成性是指云会计单独作用不能实现最佳效果，需要同用户现有的电子商务、ERP 等管理系统进行融合，相互补充，构建一体化管理系统，充分发挥数据的作用，贯穿整个管理过程；易交互性是指利用最根本的人性特点或直觉设计交互平台，使用户不需要太多培训就能清晰地知道如何找到相应的功能模块，降低学习成本；易操作性是指用户根据原来的知识结构和操作习惯就能顺利适应新的云会计，每一项功能使用起来都比较流畅，流程简单明了，通过关键节点的提示就能顺利完成操作。

4. 关键可信性特征

关键可信性特征是指云会计在具备基础可信性特征的前提下，还需满足的可信性特征。这些特征关系到整套系统是否稳定、是否在可控范围内、是否能够持续改进等问题。会计系统关键可信性特征包括安全可靠性、可控性和可发展性，是作为会计软件应该满足的功能，也是用户最关注的关键性需求。

（1）安全可靠性分为稳定性、保密性、完整性及抗攻击性。其中，稳定性是指云会计在相对长的一段时间内运行稳定，前提条件是整体设计比较完善，固定下来的功能模块不需要频繁变更，供电、网络、服务器、存储器以及软件等各个子系统相对稳定，很少出现故障，极少发生大范围宕机事故；保密性是指能够保护好用户的会计信息，不会导致商业机密泄露，同时也要保证与用户相关的利益方信息不会被泄露，它是极为重要的能力，也是用户最为重要的考量因素；完整性是指用户所保存的会计数据完好，不会发生篡改、损坏、丢失等情况，用户和云会计服务商所进行的操作应有齐全完整的记录，以备以后的调取确认；抗攻击性是指当云会计遭到攻击时有一定的抵抗能力，不会轻易让对方侵入系统，并且当发生设备故障时能够及时保存已发生的操作。

（2）为了加强和规范企业内部控制，提升企业经营管理能力和风险管控水平，促进企业健康、稳定发展，相关部门制定颁布了《企业内部控制基本规范》，由此可见风险管控的思想日益受到国家和企业的重视。作为云会计，应该针对风险提高系统整体的可控性。可控性分为全面性、系统性和适应性。其中，全面性是指在对整个系统进行风险分析和控制时不能只针对个别功能或模块，应该将所有相关功能、流程涵盖在内，确保不留管控死角；系统性是指风险管控的流程要成体系，建立一套完善的风险管控系统，包括识别风险、评估风险、削减风险因素、降低风险后果、提高应对突发事件的处置能力以及提前做好防范措施等；适应性是指云会计不能一成不变，要根据不同用户不同阶段的需求进行相应的调整，力争满足每一个用户的需求变化。

（3）可发展性分为可扩展性、可升级性、自检测性和自恢复性。其中，可扩展性是指用户承接新业务、增加会计科目编码，提出扩展需求时，云会计能在不改变其他功能模块的基础上延伸出新的与之相适应的功能模块；可升级性是指当现有的云会计不能满足或预测不能满足用户需求时，云会计服务商增加计算能力、扩大储存空间、改进交互体验、完善专业软件等举措，升级过程中和完成后均要保证系统能够正常运行，不能出现为了升级暂停服务的现象；自检测性是指系统定期要对自身的各个功能模块、各个工作项目进行检查，当发现异常情况时能够及时判断，并进行识别分析；自恢复性是指当系统发现自身故障、操作失误或恶意攻击导致系统发生故障时能够进行自我修复，确保系统能够以最快的速度恢复运行。

5. 扩展可信性特征

扩展可信性特征是在云会计满足基础可信性特征和关键可信性特征的条件下，进一步提升系统功能，为用户提供更加优质服务的属性。这些属性更多是为了满足管理者和相关方的需求，主要包括可追踪记录性和支持性。

（1）为了赢得用户相关方的信任，云会计应对相关方的需求进行梳理，设计更加完善的系统。可追踪记录性就是满足这部分需求的功能延伸。具体而言，可追踪记录性根据不同的需求方可分为可审计性、税收可稽查性和司法可鉴定性，它的意义在于无论是审计人员、税务人员还是司法会计人员，都能通过云会计获取所需要的会计信息，更加方便这些人员的操作，有助于提升其工作效率，同时也督促用户规范操作。为了实现这样的效果，云系统须具备以下几个能力：一是要对会计数据的整个加工处理过程进行完整的记录，确保后台操作都能够被调取、记录，从而使系统更加具有可信度。二是要将这些记录用标准格式输出，保证相关方可顺利读取利用，如果云会计提供的数据格式不兼容，双方系统无法完成对接，相关方就要将这些信息先导出再转换格式，格式转换过程中很难保证不出现差错，一旦出现差错就要进行人工比对，重新录入数据，大大降低了信息化的效率，无法真正发挥出云会计的作用。为了解决这个问题，建议使用 XBRL 对会计数据进行定义，确保数据标准一致。三是要提前设计说明各相关方的需求，减少相关人员信息筛选的时间和工作量，便于整理和查找，提高整体效率。

（2）支持性是云会计和传统会计信息系统的重要区别，它扩大了传统会计信息系统的功能范围，是非常重要的功能延伸。它的意义在于将多种管理系统进行融合，将同源的数据采集作用充分发挥出来，将数据挖掘技术应用于不同功能分析，再将这些信息进行加工，用可视化的方式表达出来，从而得到更有力、更容易理解的支持性数据，为管理者提供参考依据，有助于最终的决策。支持性分为层次性和灵活性。其中，层次性是指利用云会计，各层级的人员可以得到自己想要的数据支持，基层管理者得到的信息更具体，高层管理者得到的信息更宏观抽象；灵活性是指云会计输出的决策模型可根据不同管理者的判断依据、分析方法的变化进行改进，更适应于快速发展变化的新市场。

6. 可信性特征间的关系

云会计的各层可信性特征以及它们所包含的属性是相互关系、相互作用的。这些作用力有些是直接产生的，而有些是间接产生的。比如，可控性和可发展性直接作用于安全可靠性，可操作性直接作用于可用性；又如合法性、合规范性间接作用于可审计性、司法可鉴定性等属性，它们的关系是错综复杂的，不像可信性结构框架那样区分得很清晰，因此云会计应该作为一套体系全面考虑，不能只考虑一个功能模块或几个功能模块。

此外，某些可信性特征，像保密性、稳定性主要是针对用户需求的，还有些可信性特征，像税收可稽查性、司法可鉴定性主要是服务于外部需求的。因此，云会计应全面考虑用户内部和外部、整个产业链条进行相关设计，从而更有利于云会计行业的可持续发展。

（五）软件服务功能的丰富

为了更好地满足用户需求，首先要夯实会计信息系统的基本功能，其次需要提供专业化的功能，增加数据分析和决策支持等模块，以提供更完善的服务，并充分考虑不同企业的不同需要，进行差异化管理。

（六）云会计人才的扩大培养

无论云会计的技术多么先进、交互体验多么出色、优势多么明显，要想充分发挥系统的作用，真实转化成企业的有效生产力，归根结底还是需要人才的支撑。新的时代更是人才的时代。

作为云会计环境下的企业会计人员或其他管理人员，需要拥有更加全面、系统的知识体系，要在熟练掌握传统会计专业知识的基础上，熟知企业的生产经营活动，了解企业的管理模式、工作流程，并且要具备一定的计算机操作能力，拥有更加谨慎的信息安全意识，以及良好的数据分析能力。此外，还应当具备发展的眼光和探索的勇气，这样才能更好地运用和开发出更加符合用户实际的云会计。为此，单纯依靠人才引进的途径是行不通的，因为在快速变化的时代，没有那么多人能够引进，这就要求企业应该对现有人员进行更加全面的培训，全面升级人员水平，才能找到解决方法，突破云会计初期所造成的人才瓶颈。

云会计不单单改变了传统会计信息化的工作方法，更重要的是改变了处理会计业务的思维方式。移动通信终端的引入解放了会计人员的办公场所限制，能与更多部门、人员协同处理，使其更能了解业务的实质，提高工作效率；管理系统一体化的设计减少了会计人员的机械性工作，释放了更多时间和精力去优化企业的内部流程与管理，从而完善企业管理机制；云会计的数据分析和决策支持系统更让会计人员感受到存在感和工作的意义，促进提高会计人员思考问题的角度，提升战略思维，为企业创造更大的价值。

综上所述，根据云会计环境下对会计人员的要求和会计人员所起的作用，企业可以通过以下几种方法进行人员建设。

（1）对于云会计人员的重要性进行宣传引导，提升会计人员的自豪感和使命感，让会计人员看到未来广阔的发展空间和光明前景，给予会计人员信心，充分调动会计人员的积极性和学习热情，使其快速跟上云会计的变化脚步。

（2）充分发挥管理系统一体化的优势，释放会计人员的时间和精力，挖掘会计人员的潜能，增强有效的工作能力，完善管理流程，提高内控能力，为企业创造更大的价值。

（3）针对云会计快速发展变化的特点，提高会计人员的灵活性，培养其良好的行为习惯和适应能力。这是企业能够持续改进和高速发展的重要途径。

（七）机构流程再造

由于传统的会计机构设置与会计业务流程难以充分发挥出云会计的作用与优势，因此企业应在深入分析云会计功能模块的基础上，结合企业自身的实际情况，进行管理流程再造，促进管理系统的统一、高效，工作流程的简洁、清晰，操作层面的便捷。

云会计与企业的各个生产经营管理系统都有关联性，它的升级会促进其他管理系统的升级与融合，便于建立统一的信息平台。例如，某公司现在要购买电梯零配件，首先联系厂家确定相关事项，根据部门预算填写“采购订单”，送往财务部门，检验人员验收完毕后提报“验收单”，零配件送到仓库后库管员填写材料“入库单”，最后厂家还要提供相应发票，只有当这四个单据齐全后才能说明交易已完成，而其中单据填写、传送、保存都会产生成本，而且交易越频繁，产生的成本越大。如果使用统一的云会计平台，各个部门的操作人员使用专属账户登录系统，将工作信息上传至云端，系统自动审核各项单据是否填写完整、合规，判定无误后自动生成付款提醒，自动验证“验收单”和“入库单”，会计人员只需再确认发票即可。这不仅大大降低了生产成本，提高了信息传递速度和及时性，确保信息的完整性和准确性，增加会计数据共享程度，而且简化工作流程，减少人力浪费。

云会计与传统会计信息系统有着本质的区别：传统会计信息系统的出发点是将全部经营过程通过表格、账单的形式进行会计数据记录，通过财务部门进行整理、加工，得到会计信息；而云会计的出发点是将会计数据嵌入正常工作流程中，通过系统进行自动识别、分类、处理，生成会计信息，淡化会计信息系统的独立特征。

云会计环境下，力争将现有的纸质记录全部以电子数据格式替代，并将业务流程、记录都上传至云端，每位员工根据自己的授权，处理自己权限范围内的业务，只需云会计人员进行必要的审核、确认，会计数据通过云会计加工生成各种报表和支持性数据，管理层在自己的显示器上就可以看到企业的经营状况、财务数据、分析结果；获得授权的税务部门可以直接进行检查，企业合理报税；会计师事务所在权限范围内审计企业的财务状况，编制审计报告；企业将会计报表、审计报告在网络上进行公开，包括股东在内的任何人都可以查看企业的财务信息，从而提高会计信息的作用和传递效率。

总之，随着大数据、移动互联网、物联网等技术逐渐成熟，云会计必然成为会计信息化发展的新阶段。

第七章　信息时代企业财务管理的规划与实践

第一节　信息时代的企业财务管理规划

一、财务信息化功能架构

（一）功能架构中的数据层

和传统财务信息化架构相比，财务信息化功能架构中最重要的是数据的内涵发生了变化。在传统架构下，处理的主要是结构化数据，而在引入大数据技术后，结构化数据已经无法满足财务信息系统对数据的需求，非结构化数据被引入，并且成为非常重要的构成部分。

因此，在功能架构的数据层中，系统对结构化数据和非结构化数据同时提供相应的管理功能，从数据的采集管理、对接管理、存储管理等方面进行相应的功能支持。

（二）功能架构中的智能引擎层

智能引擎层是架构中的另一个重要层次。之所以叫作智能引擎层，是希望在搭建信息时代财务管理系统架构时，能够对关键的支持技术进行组件化，并以引擎的形式来支持不同业务场景的应用。引擎层是一个公用的技术平台，在不同的应用场景中，能够灵活地调用相关引擎来实现配套的业务应用，从而实现整个财务信息化架构底层技术工具的共享。在信息时代的财务管理系统架构中，可抽象出的引擎主要包括以下几个方面。

第一，图像智能识别引擎。图像智能识别引擎主要用于广泛地进行图片信息的识别，一方面能够支持对结构化数据的采集，另一方面也能够支持对非结构化数据的信息提取。同时图像智能识别引擎可以利用机器学习来提升自身的识别能力，从而扩大可应用的价值和场景。

第二，规则引擎。规则引擎作为初级人工智能，在整个财务信息化中发挥重要的作用。通过灵活、可配置的规则定义，支持在财务流程中基于规则进行大量的判断、审核、分类等应用。规则引擎的完善，一方面依赖于经验分析后的完善，另一方面也将基于机器学习引擎来辅助规则完善。

第三，流程引擎。流程引擎十分重要，好的流程引擎能够全面提升财务信息系统的水平。而在信息时代，流程引擎的驱动仍然是规则引擎，而规则引擎又基于机器学习得以完善优化，并最终带来流程引擎能力的提升。

第四，大数据计算引擎。大数据计算引擎是相对独立的，基于大数据的技术架构，能够处理海量的包括结构化数据和非结构化数据的计算。大数据计算引擎的实现，能够使财务在大数据方面的应用场景得到真正的技术支持。

第五，机器学习引擎。机器学习引擎应当能够实现监督学习和非监督学习，通过大量的不同业务场景的数据学习训练，形成相应的优化规则，并依托规则引擎作用于各种业务场景中。从这个意义上来讲，机器学习引擎有些像规则引擎的后台引擎。

第六，分布式账簿引擎。对于区块链的应用，需要在底层搭建各类分布式账簿，可以考虑通过引擎化的方式，将这种分布式账簿的搭建变得更为标准和可配置。有了分布式账簿引擎，基于区块链的应用可以得到进一步的加速。

（三）功能架构中的业务应用层

业务应用层是最重要的一个层次。在业务应用层中，从财务业务模块和技术两个角度实现了场景功能的匹配，从而形成了相对清晰的信息时代财务管理系统应用的功能场景蓝图。下面从财务业务模块的视角来逐一说明。

第一，共享运营。对于共享运营来说，在智能化方面的应用场景是相对较多的，这也是由其作业运营的特点所决定的。信息技术的进步，本身对运营效率的提升就是最直接的。

第二，资金/司库管理。在资金管理中与共享流程密切相关的部分已经被归入共享运营中，而对于资金管理和司库管理来说，主要的应用在于提升基于大数据对资金和司库管理的分析、决策能力。此外，物联网技术对于账户 UKey、用印安全管理也将发挥重要作用。

第三，会计报告。会计报告对新技术的应用主要集中在区块链对关联交易以及业财一致性的支持上。同时，类似于智能编辑，这样的场景可以应用于会计报告的智能化。而在这个领域，也会引发对未来套装软件是否能够支持智能化应用的思考。

第四，税务管理。税务管理在税务风险控制方面可以应用人工智能技术来进行支持，在税负分析、税费预测等领域也可以考虑引入大数据，充分利用企业内外部数据来提升分析质量。此外，税务管理中所涉及的不少应用场景也会前置到其他业务或财务系统中。

第五，成本费用管理。成本费用管理在费用分析方面可以考虑与大数据相结合，而在移动互联网方面，可以进行服务及商品采购的前置和线上管理，从而获得更好的管控效果。

第六，预算管理。预算管理的技术应用主要集中在大数据方面，通过大数据，加强对预算预测和资源配置的管理能力的提升。

第七，管理会计。管理会计本身在技术层面的起步比较晚，因此它的实现仍然基于传统技术方式。但在管理会计报告的编制中，可以考虑采用智能编辑模式，盈利分析可以考虑引入广义数据，增强分析的实用性。

第八，经营分析。在经营分析这个领域，大数据能够有较大的应用空间。通过数据范围的扩大、相关性分析的引入，经营分析能力能够得到提升。

二、财务与科技的信息化协同

（一）来自协同问题的挑战

1. 财务部门内部信息化协同面临的挑战

（1）信息化建设在财务部门之间的分散。很多企业的财务信息化建设并没有实现统一集中的管理。在通常情况下，财务信息化建设是各个不同的职能部门从自身的业务需求出发进行的，比如，负责会计报告的部门建设了核算系统，负责预算的部门建设了预算编制系统，负责资金管理的部门建设了资金管理系统等。在这样的背景下，系统建设完成后，相关系统的后续运维和优化也保留在了相应的业务部门。从需求和系统建设的关联角度来看，这样的管理模式未必是坏事情，但是当不同部门管理的财务系统要实现整合、集成甚至内部平台化的时候，就会出现问题。部门间系统管理的割裂，成为系统间有效集成的障碍。而在信息时代，对数据和流程的集成提出了更高的要求，信息化建设在财务部门间的分散将成为掣肘。

（2）智能化认知程度在不同部门之间的差异。信息技术的广泛应用，需建立在有关财务的各个业务部门对信息技术达成共识，并且在基于这种共识共同推动信息技术发展的基础上，进一步架构不同业务应用场景。如果有关财务的各个业务部门之间未达成同等层次的共识，则会造成不同部门在技术路径选择、资源投入等方面产生分歧。

2. 科技部门内部信息化协同面临的挑战

（1）负责各系统的项目团队独立发展。受到财务部门需求的影响，科技部门在建设系统时，往往也是根据财务的划分，建立了一个个不同的、独立的系统，在进行集成的时候，不同的系统之间进行数据的交互。在这种模式下，科技部门内部往往会为每个系统配备相对独立的项目团队。如果财务部门本身缺乏统筹，科技部门内部也容易放任各财务系统的项目团队各自发展，并最终造成割裂。在这种情况下，就会造成各个系统的风格不同，系统管理方式不同，并导致用户体验差，且系统维护困难。

（2）新技术团队与传统财务科技团队割裂。不少公司对信息技术的研发往往并不是从财务开始的，更多的技术是为了满足业务场景才研发的。一些企业在进行了大量业务场景的实践后，做了技术提炼，并构建了信息技术的各类实验室，如大数据实验室、区块链实验室、人工智能实验室等。而这些实验室在形成通用的技术基础后，又进一步反哺业务场景。在这个循环中，作为服务于后台业务的财务科技团队往往成为局外人。科技部门内部前后台团队的割裂，以及新技术实验室和传统财务科技团队之间的割裂，都可能让财务无法分享到最新的技术成果。

3. 财务部门与科技部门之间信息化协同面临的挑战

（1）需求场景和技术对接渐行渐远。财务部门与科技部门之间对接的关键在于如何把业务需求转换为系统实现的语言。很多企业的财务部门不了解科技部门的思维方式，而科技部门也难以理解财务和会计的语言，导致二者之间的需求转换往往会出现偏离。好在不少企业意识到了这个问题，并设法在二者之间设置了衔接团队，进行业务需求的转换。

但在信息时代，原本设置的衔接团队会面临更大的挑战。一方面，财务的衔接团队会发现，基于信息技术的需求场景的挖掘更加困难；另一方面，科技部门也更容易沉迷于对技术本身的研发，成为“技术控”，反而忽视了对财务应用场景的支持，就技术论技术，难以结合业务实际。这两个方面的问题最终造成需求场景和技术对接渐行渐远。

（2）条状对接和技术平台发生冲突。如果科技部门的组织设置与分散的财务模块相匹配，就会带来科技部门内部的协同问题。而如果仅仅科技部门单方进行努力，将其内部的割裂团队打通，形成技术平台，那么即使有所进步，也还是没有从根本上解决问题，反而会进一步引发新的问题，造成来自财务部门的条状需求和科技部门平台建设之间的冲突。

在科技平台化、财务分散化的模式下，财务信息化建设仍然分散在各个不同的财务部门内，而相关业务需求的提出是以各个财务部门条状向科技部门进行传达的。在这种情况下，已经实现了平台化的科技部门在面对这些时间不一、规划不一、深浅不一的需求时就会面临问题。科技部门内部需要对接收到的需求进行统筹评估，需要向需求方反馈平台的统一规则，并引导需求方去接受平台的约束。这一过程往往也伴随着大量的沟通和冲突。

4. 企业与业务单元之间信息化协同面临的挑战

（1）标准化和个性化的冲突。对于企业来说，如果财务信息化有条件构建在一个相对标准化的架构之上，那么这是一件好事情。在实践中，也有很多企业一直致力于实现这样的大集中架构模式。但是对于具有多元化特征的企业来说，要做到这一点极其不易。

企业内部的业务单元有其各自的业务发展诉求。特别是对于多元化企业来说，不同业态下的业务单元其个性化诉求尤为强烈。在这种情况下，要在企业层面建设一个相对标准化的平台来满足不同业态的个性化需求，就会造成企业标准化和业务单元个性化诉求之间的冲突。如果一味地满足企业的需求，业务单元的发展就会受到影响；而如果完全满足业务单元的诉求，也会给企业管控带来显著的伤害。如何平衡二者之间的关系，构建能够同时解决标准化和个性化诉求的平台成为核心问题。

（2）渐进和突发的冲突。对于企业来说，往往希望能够遵循所制订的计划，有条不紊地完成信息化建设。而对于业务单元来说，很多时候信息系统的建设需求存在突发性，往往为了解决业务痛点，需要进行紧急的系统建设。在这种情况下，对于企业来说，渐进的节奏会受到突发情况的冲击，如果无法及时对业务单元进行响应，则会加剧二者之间的冲突。而如果业务单元一味地强调自身的突发性，不考虑整个企业信息化建设的节奏，也会带来问题。渐进和突发的冲突是在企业信息化、智能化建设中不得不面对的挑战。

（3）在信息上二者之间穿透和独立的冲突。企业和业务单元之间还面临着信息穿透和独立诉求的冲突。对于企业管控来说，实现对业务单元的信息穿透是信息系统建设的重要诉求，要做到这一点，大集中的财务信息化建设模式是核心。但对于业务单元来说，保持其信息的独立性或私密性，也往往是其所希望做到的。二者之间的博弈关系一方面取决于企业管控的形态，另一方面也会夹杂着监管要求的影响。

（二）财务信息化协同体系

1. 财务部门构建统一的信息化中枢

对于财务组织内部来说，要打破信息化的建设边界。打破边界的方法可以考虑在财务体系中构建统一的信息化中枢，这个信息化中枢可以是实体组织，也可以是虚拟组织。而对于没有条件设立统一财务信息化团队的企业来说，可以考虑设立虚拟机构，如设置财务信息化管理委员会之类的跨部门统筹组织。尽管它在力度上弱于实体组织，但也能够起到一定的统筹协调作用，并且在财务信息化架构搭建和重大项目的推进过程中发挥重要作用。

2. 科技部门面向财务部门的团队和架构的私人定制

对于科技部门来说，要实现与财务的紧密协同，应当考虑构建面向财务提供服务的专属团队。在这样的专属团队中，应当从组织架构上打破传统按业务模块独立设置团队的模式，构建能够更好地匹配未来的平台化架构，包括专属需求分析团队、架构师团队、公用平台研发团队和场景实现团队面向财务的私人定制。需求分析团队应当能够有效支撑信息技术与财务需求团队的对接；架构师团队能够站在产品化和平台化角度，科学构建财务信息化架构；公用平台研发团队应当能够打通财务各业务模块的底层，对可公用的技术功能进行组件化研发，并实现在不同业务场景中的应用；而场景实现团队则在公用平台的基础上，针对不同的业务场景需求来进行技术实现。通过这样一个平台与客制化相结合的科技团队组织来实现对财务智能化的有力支持。

3. 科技部门内部市场化实现新技术引入

对于科技部门内部各类信息技术之间的协同，不妨考虑引入市场化机制。由于各类信息技术主要的服务对象是企业的业务场景，而对于作为后台的财务场景来说，要想获得大力度的支持并不容易。在这种情况下，引入市场化机制，通过内部交易的形式，付费购买相关技术支持，能够充分调动科技部门内部各类信息技术协同的积极性，也能够更好地从机制上让财务和业务站在同一条起跑线上。

4. 企业推行产品平台并定义自由度

对于企业来说，要满足标准化与个性化的平衡，不妨考虑将企业自身视为财务智能化产品的提供商，在企业层面构建基于产品化理念，设计信息化平台。在产品的设计过程中，企业应当充分引入业务单元来进行产品化需求的论证和设计，通过大量的调研形成需求，并最终搭建平台。各个业务单元在实际部署信息化时，企业将其当作一个产品客户，通过进一步的需求调研，引入实施方法论，在产品化平台的基础上进行配置实施和少量且可控的客制化开发。

通过这种模式，企业财务能够搭建一个开放式的财务智能化产品平台，并借助平台实现管理的标准化和自由度的定义。

三、信息时代的财务产品经理

信息时代财务管理的基础是信息技术，对于财务来说，好的技术平台的支撑，能够帮助企业在智能化道路上走得更远，也能够让企业有更多的机会去实践财务创新。而在这个过程中，传统的财务信息化支持人员已经难以满足要求，企业需要信息时代的财务产品经理来助力企业走上财务智能管理之路。

（一）产品经理

产品经理是随着产品形态的发展而发展的。早期的时候，产品大多数是实体化的，如家里的电视机、洗衣机等都是实体化产品，产品经理则是管理这些实体化产品全生命周期，从概念提出到设计、生产、营销、销售、配送、服务等全过程的角色。而随着社会的发展，产品的形态也在改变，一个好的创意、管理方法也都可以称为产品。而当信息技术、互联网快速发展后，软件产品、互联网产品快速风靡，面向软件和互联网的产品经理成为重要人群。

但无论是哪一种产品、哪一种产品经理，其本质都是一样的。优秀的产品经理的价值就在于要做出能够解决问题、让客户满意的好产品。优秀的产品经理要做到以下几点。

（1）从各种各样的需求和想法中找到要解决的问题，以及相匹配的产品方向。

（2）为产品做一个长期的布局和规划，知道什么时候该走到哪里。

（3）进行产品设计，参与产品的开发、测试和上线。

（4）参与产品推广方案的设计，用营销思维让客户接受这个产品。

（5）积极进行产品培训和用户支持，得到更多改善产品的反馈。

（6）关注市场动态和竞争对手，随时进行产品规划的调整。

（二）财务产品经理的定位

首先，财务产品经理应当是财务组织中的一分子，其核心职能是设计财务信息系统来解决财务工作中各类业务场景所遇到的问题。因此，将财务产品经理设置于财务团队内部能够更好地发现用户的问题，并设计出更有针对性的产品解决方案。

其次，财务产品经理应当将主要精力放在搞明白需求、设计出用户体验卓越的好产品上。同时，充分挖掘工程师的“黑技术”，把好的技术应用到财务场景中。财务产品经理既不应当越位工程师的角色，也不应当任由工程师团队替代。

最后，财务业务人员并不适合在没有经过充分训练的情况下直接成为财务产品经理。财务产品经理是一个复合型人才的角色，其核心能力在于财务知识与技术能力的有机融合。而纯粹的业务人员来设计产品会缺少全局观，难以把握架构和流程，并在与工程师的对接过程中出现偏离。

（三）智能财务产品经理的特质

1. 新技术的敏感性

作为应用技术来解决财务问题的财务产品经理，对技术的敏感性是不可或缺的。特别是在信息时代，技术快速迭代，对这种能力的要求更为突出。处于信息化时代向信息时代转变的边缘期，技术的多变和创新的层出不穷会成为常态，每一个财务产品经理都应当具备高度的技术敏感性，把握时代赋予的机会。

2. 新技术的财务场景化能力

对于财务产品经理来说，一旦敏锐地捕捉到新技术的出现，最重要的一件事情就是能否将这些新技术用于解决实际的问题，也就是这里要说到的新技术的财务场景化能力。实际上，业务问题出现的载体是业务场景，空谈一项技术是没有任何意义的。但作为财务产品经理，能够识别出业务部门的痛点，抽象出业务场景，分析出怎样的技术能够解决怎样的场景问题，那么其就是一个高水平的产品经理。

3. 产品化和平台化架构能力

在传统的财务信息化模式下，由于技术变化相对缓慢，高度定制化的信息系统也能够满足不少的用户需求，且保持稳定性。但随着信息时代的到来，技术的加速革新，缺乏扩展性的定制系统将难以承载业务需求，产品化和平台化将成为趋势。对于财务产品经理来说，产品化和平台化架构能力的形成并不是那么容易的。这种能力的形成无论在专业上还是在思维能力上，都对现有的财务产品经理提出了更高的要求。

4. 产品价值挖掘能力

对于所负责的产品，能够充分挖掘产品的价值，并与产品的相关方达成共识；能够更好地获得资源保障，更好地获取用户的信任并形成更可靠的需求；更好地获得管理层的支持，保障产品设计最终落地。

在通常情况下，信息时代的财务产品经理应当能够讲清楚产品实现在成本、效率、风险或管控、决策支持、客户体验等方面的价值。通过这一系列的价值共识，把产品推入高速发展的轨道。

（四）从财务 IT 成长为智能产品经理

1. 专业深度的成长

在信息时代，如果要成为合格的产品经理，就需要进一步加强技术知识的储备。当然，这种加强并不是要求达到工程师的水平，而是要在现有的运维、需求分析能力的基础上，补充新技术领域的相关知识。

同时，专业深度还体现在对产品化、平台化架构方面的知识体系的完善上。当然，相关的具体工作将由科技部门的架构师团队来完成，但作为产品经理，需要有能力判断和评价架构师的设计，并有能力参与相关架构设计工作。

2. 专业广度的成长

对于财务产品经理来说，要打造出信息时代的财务好产品，就必须能够更加深入地承担起业务场景与信息技术相结合的中间角色。这个中间角色在业务层面要求财务产品经理具有更加广阔的专业视野。

财务产品经理应对财务的各业务领域有广泛的了解，如核算、预算、资金、经营分析、税务、共享等。具备了这些财务专业范围内的广度，能够帮助产品经理实现财务各职能团队与科技之间的对接。

然而，财务产品经理不能仅仅满足于这个层次的专业广度，还需要进一步将视野扩大到各种前台业务中，需要覆盖到公司经营的各类业务系统，并能够对业务与财务端到端的全流程数据流转和系统架构有所掌握。在这种情况下，才能更好地通过信息技术实现业务与财务的一体化。

3. 认知创新的成长

对于产品经理来说，需要更多地去研究和学习创新的工具和方法。对于财务产品经理来说，如果要想培养出自身的创新能力，就需要积累大量的跨界知识，而不仅仅是财务和科技类的知识。很多时候，创新的灵感来自貌似不相干的领域的突发刺激，当积累了足够广度的素材后，所谓的各种创新工具和方法才有可能发挥作用。

实践是创新的根源，作为信息时代的财务产品经理，需要积极地将想法付诸行动，并在深度思考的过程中获得认知和创新能力的提升。

第二节　会计信息资源利用

一、中高级财务会计的信息化应用

会计学的内容较多，国际上流行将会计学划分为初级会计学、中级会计学和高级会计学。初级会计学主要阐述会计学的基本原理和基本方法，中级会计学主要阐述会计主体一般交易和事项业务的账务处理原理及方法，高级会计学主要阐述会计主体特殊或复杂交易和事项业务的账务处理原理及方法。其中，中高级财务会计还运用传统的财务会计理论与方法，在新的社会经济条件下发展了的财务会计理论与方法，以及对在新的经济条件下出现的一般财务会计中不予包括或不经常发生的企业特殊经济业务进行核算和监督，向与企业有经济利害关系者提供有用的决策会计信息。

会计信息化是用基于计算机和网络技术的会计信息系统的处理方式代替了手工方式的登账、记账、对账和登记报表等业务处理流程。在会计信息化方式下，计算机与人工的结合完成整个信息处理过程，实现了数据处理的自动化，促进了会计核算手段的变革、会计核算工作的规范化和传统会计职能的转变。

（一）会计信息化对会计科目设置的影响

手工会计条件下，用会计科目直接写出该会计科目的名称即可，对科目代码的要求并不是很严格。但是实行信息化后，凡是有会计科目的地方就会用科目代码来代替科目名称，从而使信息化会计中的会计核算体系较之手工会计核算更方便、更合理。因此可以说科目编码方式的变化是会计信息化以后对会计实务最直接的影响之一。另外，在信息化会计系统中，不仅会计科目要用到编码，对操作人员、往来账单位等也会用到编码。

（二）会计信息化对凭证的影响

原始单据承载的信息量加大，记账凭证添加了“科目代码”栏，对于凭证中各数据项根据类型、范围和勾稽关系可以进行有效控制从而使一些不合规范的录入不能输入计算机中。大多数会计核算软件都提供自动转账功能。在结账后，手工条件下可采用划线更正法。在信息化条件下，有些核算软件提供了反结账的功能，可对已发生的错误凭证进行修改，并能删除原错误凭证或采用补充登记法或红字冲销法进行修改。

（三）会计信息化对账簿的影响

在手工会计登账时，总账和明细账由会计人员登记，月末检查两者是否相等。平行登账可以检查错误。但在信息化会计中总账与明细账均由计算机内部来完成，所以总账恒等于明细账，使平行登账的校验功能失去作用。

（四）会计信息化对对账工作的影响

手工会计核算的对账工作，一般可分为账证核对、账账核对、账表核对和账实核对四个方面。在信息化条件下除账实核对以外，其他三个方面的核对要求及核对方式都发生了变化：账证核对需进一步加强，账账核对基本可以取消，账表核对要区别对待。随着信息网络技术的快速发展和信息基础设施的不断完善，网络会计必将成为财务会计发展的趋势。手工会计只对会计信息进行分类整理汇总成财务报表，而网络会计则能为单位管理决策提供有力的信息支持，保证信息的集中性、准确性和完整性。

（五）会计信息化对会计档案保管形式的影响

存储在数据库当中的所有会计信息没有总账和明细账的区别，但可以按照总账、明细账的格式来输出，所以在会计信息化的系统中，打印输出的总账和明细账之间是不存在内在的统辖和被统辖的关系的。传统手工会计规定总账、日记账都使用订本式账册，而明细账则要使用活页式账册，用这几种账册进行互相之间的核对和牵制；账目记录出现的错误之处则使用红字和划线法进行更正。而信息化打印输出的账页是卷带状的，能够装订成活页形式，却不能装订成订本形式；另外信息化打印输出的是总账、日记账及一些报表，因明细账涉及太多二、三级科目，打印的数量较大，故一般采用磁盘的形式输出。

（六）会计信息化对账簿体系地位的影响

账簿是由一定格式、相互联系的账页所组成的，用来序时地、分类地记录和反映有关经济业务的会计簿籍，一般包括明细账和总账。手工会计账簿是用以编制报表的。账簿是根据会计科目和账户开设的，账户是对会计数据进行分类、归集而设置的单元。在会计信息化系统中，会计信息的生成仍然离不开账户这个最基本的存储单元，会计数据存储的磁性化使账户记录与纸介质呈现出分离的趋势，纸介质不再作为账户分类和汇总数据的唯一载体，而是以数据库文件的形式存储在磁盘介质中，来满足人们需要的各种核算资料，已完全不必使用纸介质作为账户记录的载体。因此，账户记录可以完全与纸张分离，手工会计中关于账簿的定义在会计信息化中也就不存在了。会计软件中之所以生成总账和明细账，是因为会计信息化系统中未改变原有手工模式，是对手工会计的完全模拟，这已限制了会计信息化信息系统的发展。

实际上，在会计信息化系统中账簿是“虚”的。“虚”是指磁盘上一般不存在账，更不是一本手工账对应一个磁盘文件，账簿上反映的数据有两类：发生额和余额。发生额来自记账凭证，余额数据是在账簿根据记账凭证登记后形成的，由此看来，账簿记录不过是记账凭证上账户记录的分类、汇总罢了，由于计算机运算速度快、存储量大、数据处理功能强大，因此对记账凭证数据库文件的分类、汇总、查询只不过是举手之劳。对于账户的余额数据，只要保证系统初始化时输入的初始余额数据正确无误，以后各期的期末余额也就唾手可得了，即计算机随时可以产生各级科目的发生额（借方、贷方）、余额（期末、期初）、累计发生额（借方、贷方）。因此在会计信息化系统中的“账”是凭证库文件及相关数据（主要是各会计账户的初始余额数据）运行程序准确无误派生出来的。“账簿”只是沿袭了传统会计的概念而已，为了迎合手工会计的习惯和需要，其本质上是虚拟的。

二、成本会计的信息化应用

成本会计是基于商品经济条件下，为求得产品的总成本和单位成本而核算全部生产成本和费用的会计活动。现代成本会计是为克服通货膨胀所引起物价变动导致会计信息失真的弊端，在物价变动情况下，以资产现行成本为计量属性对相关会计对象进行确认、计量和报告的程序和方法，它是以货币为主要计量单位，针对相关经济主体在产品生产经营过程中的成本耗费进行预测、决策、控制、核算、分析和考核的价值管理活动。现代成本会计是在继承传统成本会计的基础上发展起来的一种新型会计理论，是传统成本会计在物价变动环境下的延伸和拓展，将成本核算与生产经营有效结合，具有不同于传统成本的会计程序和会计方法，可随经济环境的改变而及时反映资产价值变化，具有高度的决策相关性。企业的成本核算，关系到企业的生存与发展，实现会计信息化后，成本核算在手工核算上得到了突破。

（一）产品生产成本计算的基本要求

企业的生产经营过程，同时也是费用发生、成本形成的过程。成本计算，就是对实际发生各种费用的信息进行处理。计算成本，总是计算某个具体对象的成本。而企业规模有大有小，经营性质和项目各不相同，因而如何组织成本的计算，如何确定成本计算对象，只能具体问题具体分析，依实际情况而定。一个企业发生的费用种类繁多，制造某个对象的过程又是由各个部门、各项生产要素密切配合，经过很多环节才最终形成的。所以，记录、归类、汇集和分配企业发生的各种生产费用，是一项比较复杂的工作。但是，不管是哪一种类型的企业，也不论计算什么成本，成本计算的基本原理、一般原则和基本程序却是共同的。总体来看，成本计算都要遵守以下要求。

1. 合理确定成本计算对象

所谓成本计算对象，就是费用归集的对象，或者说是成本归属的对象。进行成本计算，必须首先确定成本计算对象。如果成本计算对象确定得不准确或不恰当，就会大大增加成本计算的难度，计算出来的成本不能满足企业管理的需要，甚至不能完成成本计算的任务。

成本计算的对象是各种耗费的受益物，也就是耗费各种投入品后形成的产出物，是“制造”活动取得的直接成果，即“产品”。如工厂生产的工业品，农场生产的粮食，学校培养的学生，文艺组织摄制的电影、电视剧、演出的剧目等，都是“产品”，都是成本的计算对象。

2. 恰当确定成本计算期

所谓成本计算期，就是多长时间计算一次成本。从理论上说，产品成本计算期应该与产品的生产周期相一致。但是，这种情况只适合于企业的生产过程为一批（件）接一批（件），即第一批（件）完工了再生产第二批（件）的情况。事实上现代企业的生产大都采用流水线的形式，不是一批接一批地生产，而是不断投产、不断完工，绵延不断，无法分清前后批次。在这种情况下，按批计算成本显然是很困难的，只有人为地划分成本计算期（一般是以一个月作为一个成本计算期），成本计算才有可行性。

3. 正确选择成本计算的方法

由于企业的情况千差万别，成本的具体计算方式也不可能有一个统一的模式。经过人们的长期实践，形成了几种常用的成本计算方法，即品种法、分批法和分步法等。恰当地确定成本计算的对象，不是一件容易的事。因为企业的规模、生产组织形式和技术特点不同，成本计算的对象也会不一样。例如，有的企业只生产最终的产成品，而有的企业除生产最终的产成品外，还生产各种各样的半成品。有的企业是采用大批量生产模式，而有的企业是采用小批量生产模式，甚至是单件生产模式等。

如果企业的产品不是成批生产，而且只有一个步骤，一般可以直接以产品品种为成本计算对象，这种方法称为品种法。

如果产品生产是以按批生产为主的，则以批次作为成本的计算对象，这种方法称为分批法。

如果产品生产要分成若干个步骤，中间有半成品，并且产品是连续不断地大量生产或大批量的生产，则以每个步骤的半成品和最终产品为成本计算的对象，这种方法称为分步法。

4. 合理设置成本项目

为了比较全面、系统地反映产品的成本耗费情况，使成本计算能提供比较丰富的信息，在计算产品成本时，不仅要计算产品的总成本和单位成本，还要对总成本按用途分类，以反映产品成本的组成和结构。这样既便于对成本进行控制，也便于分析产品生产中的经济效益问题和对生产部门进行考核评价。

在计算产品成本时，一般把成本分成三个项目：直接材料、直接人工、制造费用。如果单位的规模很小，生产过程也很简单，可以只划分为两个项目：材料费用、其他费用。

5. 合理选定费用分配标准

生产过程往往是比较复杂的，一项费用发生后，其用途往往不止一个，生产的产品不止一种，成本计算的对象也不止一个。这样，一项费用发生后，往往不能直接地、全部地记入反映某一个对象的明细账户中，而需要把这项费用在几个对象之间进行分配。

要对费用进行精确的分配是比较困难的，要对一定对象所发生的成本消耗（受益）情况进行准确的计量，同样是比较困难的。在对费用进行具体分配时，一般要选择一定的标准。例如，材料费用一般可以按产品的重量、体积或定额消耗量进行分配，人工费用可以按工时进行分配等。选择分配标准存在一定的主观性，但应该选择比较客观、科学的标准来对费用进行分配，这样就能够比较真实地反映一定对象所实际发生的消耗情况。另外，某一种标准一旦被选定，不要轻易变更，否则就违反了一致性原则。

（二）产品成本计算方法

不同的企业，其生产过程有不同的特点，其成本管理的要求也是不一样的。这对成本计算的具体方法带来了很大的影响。也就是说，只有根据企业生产的特点和成本管理的不同要求，选择不同的成本计算方法，才能正确地计算产品成本。

1. 生产的主要类型和成本管理要求

企业按生产工艺过程和生产组织的不同，可以分为不同的类型。

（1）按生产工艺过程的特点可分为：①单步骤生产，也叫简单生产，是指生产技术上不间断、不分步骤地生产，如发电、熔铸、采掘行业等。②多步骤生产，也叫复杂生产，是指技术上可以间断、由若干步骤组成的生产。如果这些步骤按顺序进行，不能并存，不能颠倒，要到最后一个步骤完成才能生产出产成品，这种生产就叫连续式复杂生产，如纺织、冶金、造纸行业等。如果这些步骤不存在时间上的继起性，可以同时进行，每个步骤生产出不同的零配件，然后再经过组装成为产成品，这种生产就叫装配式复杂生产，如机械、电器、船舶制造行业等。

（2）按生产组织的特点可分为：①大量生产，是指连续不断重复地生产同一品种和规格产品的生产。这种生产一般品种比较少，生产比较稳定，如发电、采煤、冶金行业等。大量生产的产品需求一般单一稳定，需求数量大。②成批生产，是指预先确定批别进行的生产。这类生产的特点是品种或规格比较多，而且是成批轮番地组织生产。这种生产组织是现代企业生产的主要形式。③单件生产，是根据订单，按每一件产品来组织生产。这种生产组织形式并不多见，主要适用于一些大型而复杂的产品，如重型机械、船舶、专用设备等。

不同的企业，成本管理的要求也不完全一样。例如，有的企业只要求计算产成品的成本，而有的企业不仅要计算产成品的成本，而且还要计算各个步骤半成品的成本。有的企业要求按月计算成本，而有的企业可能只要求在一批产品完工后才计算成本等。成本管理要求的不同也是影响选择成本计算方法的一个因素。

2. 产品成本计算方法的确定

不同的企业，由于生产的工艺过程、生产组织，以及成本管理要求不同，成本计算的方法也不一样。不同成本计算方法的区别主要表现在三个方面：一是成本计算对象不同，二是成本计算期不同，三是生产费用在产成品和半成品之间的分配情况不同。常用成本计算方法有品种法、分批法和分步法。

（1）品种法。品种法是以产品品种作为成本计算对象来归集生产费用、计算产品成本的一种方法。由于品种法不需要按批计算成本，也不需要按步骤来计算半成品成本，因而这种成本计算方法比较简单。品种法主要适用于大批量单步骤生产的企业，如发电、采掘企业等。或者虽属于多步骤生产，但不要求计算半成品成本的小型企业，如小水泥、制砖企业等。品种法一般按月定期计算产品成本，也不需要把生产费用在产成品和半成品之间进行分配。

（2）分批法。以产品的批次或订单作为成本计算对象来归集生产费用、计算产品成本的一种方法。分批法主要适用于单件和小批的多步骤生产，如重型机床、船舶、精密仪器和专用设备的生产等。分批法的成本计算期是不固定的，一般把一个生产周期（即从投产到完工的整个时期）作为成本计算期定期计算产品成本。由于在未完工时没有产成品，完工后又没有在产品，产成品和在产品不会同时并存，因而也不需要把生产费用在产成品和半成品之间进行分配。

（3）分步法。分步法是按产品的生产步骤归集生产费用、计算产品成本的一种方法。分步法适用于大量或大批的多步骤生产，如机械、纺织、造纸等。分步法由于生产的数量大，在某一时间上往往既有已完工的产成品，又有未完工的在产品和半成品，不可能等全部产品完工后再计算成本。因而分步法一般是按月定期计算成本的，并且要把生产费用在产成品和半成品之间进行分配。

（三）正确划分各项费用的界限

1. 正确划分计入产品成本与不计入产品成本的界限，确定成本费用的范围

企业发生的费用有很多项目，根据谁受益（或谁消耗）、谁负担的原则，凡生产过程中消耗的各种材料、人工和其他费用都应计入生产成本。否则，就不能计入生产成本。如支付的各种滞纳金、赔款、捐赠、赞助款等应计入营业外支出。支付股利应计入利润分配。管理费用、财务费用等为期间费用。

2. 正确划分产品成本和期间费用的界限

企业发生的各种费用支出中，凡应该计入本月由当月负担的费用，应进一步区分产品成本和期间费用。凡在产品生产中发生的费用，属于产品成本，应该记入“生产成本”账户，产品完工后再转入“库存商品”账户。销售后再转入“主营业务成本”账户，期末结转本年利润。凡在非生产领域中发生的管理费用、销售费用和财务费用都属于期间费用，其处理方法比较简单，在期末一次全部转入“本年利润”，一次冲减当期损益。

3. 正确划分不同产品的成本界限

如果企业只生产一种产品，那么全部生产成本就是这种产品的成本。但一般的企业都不止生产一种产品，这就需要把全部生产成本在几种产品之间进行分配，凡能分清应由哪种产品负担的费用，应直接计入该种产品的成本。凡由几种产品共同负担的费用，则要采用恰当的标准（根据谁受益、谁负担的原则）进行分配。最终把各种产品的成本计算出来。

4. 正确划分完工产品成本与在产品成本的界限

通过前一步骤已经计算出了每一种产品的总成本，如果这种产品已经全部完工，则其成本全部为产成品成本；如果这种产品全部未完工，则其成本全部为在产品成本。但通常情况下，往往是既有产成品，又有在产品，这就需要把总的产品成本在产成品和在产品之

间进行分配，一般来说，一件在产品应该比一件产成品负担的成本少，因为在产品尚未完工，消耗的资源比产成品少，完工产品与在产品之间的成本分配要考虑完工程度。分配的方法有约当产量法、定额法、定额比例法等。

（四）产品成本计算的程序

1. 确定成本计算方法

开展成本计算之前，先要确定采用哪一种成本计算方法。通常所用的方法有品种法、分批法、分步法等。这要根据生产工艺过程和生产组织的特点，同时结合成本管理的要求情况来进行选择。

2. 设置有关的成本计算账户

为了计算产品的成本，需要设置一个专门的账户，即“生产成本”账户。其借方汇集为生产产品而发生的各种费用，贷方反映产品完工转出的制造成本。

对于一定的成本计算对象来说，发生的费用无非是两种：直接费用和间接费用。如果企业只生产一种产品，则直接费用和间接费用并没有差别，都应该直接计入产品成本。但是，企业一般都生产多种产品。这样，直接费用仍可以直接计入产品成本，而间接费用就必须先汇集起来，再分配摊入各个不同的成本计算对象。这样，需要先单独设置一个账户，即“制造费用”账户，“制造费用”账户的作用就是汇集各种间接费用，再合理地分配到成本计算对象上去。

如果废品和停工的情况比较多，就需要搜集有关废品和停工损失的资料，并专门设置一个“废品损失”和“停工损失”账户，把这些损失汇集到“废品损失”和“停工损失”账户的借方，然后在其贷方做出恰当的处理并转出。如果是正常损失，一般应分配计入产品成本，否则应转入管理费用或营业外支出。

按权责发生制的要求，生产中发生的支出不一定就要计入生产成本，支出的期间与成本计算期间可能不一致。支出发生后有两种情况。

（1）生产中发生的费用在本期发挥出全部效益，效益不递延到下期。这种情况应把费用直接记入“生产成本”或“制造费用”账户。

（2）本期发生的费用支出不应由本期负担。本期发生的费用确实需要摊销到下期的用“应付账款”进行核算。

3. 核算费用发生及按用途分类

成本计算的过程是一个费用的汇集和分配（摊）的过程，或者反过来说，费用的核算最终也就是成本的核算。成本计算就是一个对费用进行多步骤处理的过程。要做好成本计算工作，第一步就是要准确反映总共开支了多少费用，开支了一些什么性质的费用。这一步要解决两个问题。

（1）企业在当期到底有哪些开支，开支了哪些费用。这是做好成本计算工作的基础。如消耗了多少原材料，要用先进先出法等进行恰当的计量；由于设备发挥效用，因而对于磨损的价值，要用恰当的方法进行折旧。

（2）费用发生后，到底起了什么作用。在成本计算过程中，不仅要反映开支了一些什么费用，而且要进一步明确开支的费用起了什么作用，对什么发挥了效用。不管成本计算的对象是什么，一般来说，都需要支付以下成本项目，或者说，费用发生后，无非是起了以下几个方面的作用：一是消耗各有关材料，这些材料构成产品的实体，这叫直接材料费用；二是消耗各有关人工费用，这些生产工人的劳动直接用于产品的制造，这叫直接人工费用；三是消耗各种材料和人工及其他费用，这些费用不直接用于产品的生产，只是在生产过程中起辅助作用，或提供必要的生产条件，这种费用就叫制造费用。

4. 辅助生产费用的分配

"生产成本"总账下有两个明细账户：一是"基本生产成本"账户，用于核算产品的生产成本；二是"辅助生产成本"账户，用于核算为生产产品服务的有关生产部门的成本。辅助生产也是一种生产活动，它为基本生产活动提供必要的产品和劳务，也要消耗各种生产费用，同样要计算产品成本。辅助生产成本的计算需要设置"辅助生产成本"明细账户，其借方汇集发生的各种费用，其贷方计算辅助生产车间完工的产成品成本，同时转入基本生产明细账户。这个账户一般没有余额。

5. 制造费用的分配

产品成本由直接材料、直接人工和制造费用三部分组成，其中发生的直接材料和直接人工是直接费用，直接记入"生产成本"账户，发生的制造费用是间接费用，不直接记入"生产成本"账户，而是先在"制造费用"账户中汇集，然后分配记入"生产成本"账户。

6. 产成品成本的计算

通过上述步骤，本期发生的全部生产成本都已汇集在"生产成本"账户的借方，如果企业没有在产品，则产成品成本就是"生产成本"账户的期初余额加上本期发生的全部生产成本。但是，一般情况下企业同时又在产品和产成品，因而需要把产品生产成本在产成品和在产品之间进行分配，同时计算在产品成本和产成品成本。

第八章　企业会计信息化风险及防范

第一节　企业会计信息化的风险管理分析

一、企业会计信息化风险

企业会计信息化发展历经规划阶段、建设阶段和运行、维护阶段，在这些发展阶段中将可能面临如下相关风险。

（一）企业会计信息化规划阶段风险

在企业会计信息化规划阶段，会计信息化主要在内部环境、设计、可行性、安全及人员素质方面存在一定风险。其中，内部环境相关风险，包括相关主管人员对会计信息化认识可能不准确，要对会计信息化正确认识才能使会计信息化建设的方向正确。开发方面风险，如开发人员没有理解规划会计信息化人员的需求就进行开发，这样开发的会计信息化是无用的。设计方面风险，如会计信息化的设计不符合企业需求。可行性存在风险，如设计企业会计信息化不能够实际运行。安全方面风险，包括会计信息化自身防御程度低以及承载会计信息化载体不安全。人员素质方面风险，包括相关人员专业素质和道德素质不合要求。

（二）企业会计信息化建设阶段风险

在企业会计信息化建设阶段，企业会计信息化主要在会计信息化项目外包、建设质量、安全、建设的资金支撑及人员素质方面存在一定风险。其中，外包方面风险，如外包的第三方公司没有能力完成企业要求项目；建设质量方面风险，如会计信息化建设后逻辑不通，导致质量低；安全方面风险，如会计信息化建设时被黑客攻击；资金支撑方面风险，如建设阶段资金链断裂，致使建设不能继续进行；人员素质方面风险，包括企业会计信息化相关人员专业素质和道德素质低下等。

（三）企业会计信息化运行、维护阶段风险

在企业会计信息化运行和维护阶段，企业会计信息化主要在环境、技术、安全及人员素质方面存在一定风险。环境方面风险，如会计信息化的运行违背环境要求发展；技术方面风险，如企业信息化在发展时期没有相关技术支持优化与升级；安全方面风险，如会计信息化运行和维护自我防御能力低，不能有效抵御黑客攻击；人员素质方面风险，包括会计信息化在运行和维护时相关人员专业和道德素质低。

二、企业会计信息化风险影响因素分析

企业在实施会计信息化时，应能够利用会计信息系统中存在的各项功能，但这需要以下几个方面的条件：完成会计信息化建设要有一个稳定的环境，需要持续的资金投入；企业的组织结构要与会计信息化系统相匹配；确保会计信息化在一个相对安全的系统中运行；提高企业的人员素质。基于前面介绍的企业会计信息化存在的风险问题，提出企业会计信息化发展的风险影响因素。分析我国企业在会计信息化发展过程中存在的问题，可以得出影响企业会计信息化风险的四大因素为财务、组织结构、安全和人员。

（一）财务方面的影响

信息化是基于当代信息技术、先进管理理念，再结合企业自身发展需求和状况，对相对落后、束缚企业生产力的经营方式、组织结构等进行修正与革新。信息化的建设尤其需要强化企业的管理，因为企业的管理理念在信息化的推行中起着重要的作用。另外，在引进和运用信息软件的同时，需要结合企业原料、生产、销售模式的实际情况，做到既不盲目生搬硬套，又不让落后的管理方式阻碍管理软件的运行，还要做到及时反馈修正。同时，企业应建立科学、规范的管理制度，这样才能使企业的各项操作活动的开展有据可依、有章可循，从而使企业良性发展。

会计信息化是以促进企业的会计管理活动或业务变革为战略目标，以期推进会计事业的发展。具体而言，会计信息化涉及企业的业务流程重组、部门职责和权力的重新分配、组织结构的变更等一系列的问题，不仅仅是技术问题。企业会计信息化的建设需要管理层的大力支持，并全方位了解会计信息化内涵，才能有效实现会计信息化。高层对信息化的认识水平高低直接影响到企业会计信息化的建设和完善程度。公司的管理者对实行会计信息化有足够的重视和充足的信心，相信“ERP 是引领企业走向现代化，提高企业竞争力的关键”，企业的会计信息化才能顺利进行；如果高层对会计信息化不重视，投入资金过少，则可能造成会计信息化难以维持，给企业造成经营风险。总之，如果高层对信息化定位不准确，则可能给会计信息化带来风险。

实施会计信息化需要持续、及时的资金支持，企业不仅要重视系统软件和硬件的投资，同样要重视培训费用、咨询费用和维护费用等投资，因此如果企业在实施会计信息化

的过程中，不能根据自身目标、经营状况和战略规划进行合理的预算、适当分配资金，可能会给企业会计信息化带来风险。

（二）组织结构方面的影响

企业的战略要和组织结构相匹配。实现企业经营战略的主要工具是企业的组织结构，包括单位部门岗位的设置、单位部门权力与职责的界定、各单位部门之间关系的界定。不同的战略要求匹配不同的组织结构。组织结构若与企业发展战略不匹配，企业就难以稳定发展，企业战略目标难以实现。因此，企业要改变传统观念，通过引进、学习现代经营管理理念，建立合理有效的与信息化管理相匹配的组织结构，科学合理地划分部门及岗位，明确岗位职责，建立所有权与经营权相分离的内部组织结构。

企业实行会计信息化后，无论是控制对象还是控制人员都发生了变化。企业应根据实际情况适当调整组织结构，与现有的会计信息系统结构相匹配，最大限度发挥系统的作用和潜力。因此，如果企业在信息安全保密上没有认真规划，没有制定严格的管理条例，没有对参与人员进行系统培训，没有对系统操作人员进行严格授权，对少数高管人员授权过多或对越权访问系统没有严格的规定等，都可能给企业会计信息化带来风险。

（三）安全方面的影响

企业会计信息化的发展与运用，需要综合、全面地推行会计信息系统，以实现企业所有部门的一体化发展。如何披露和发布是体现会计系统开放性的重要表现方式，借助网络系统可以实时对外公布国内外企业的会计信息，对于企业外部管理者、投资者、债权人来讲非常便利。他们通过计算机网络能有效地获取自己关心的综合会计信息、业务数据，并在信息系统平台上加工数据，生成自己想掌握的财会信息。但企业本身可能受资金、管理、人才等资源的限制，信息系统防御力薄弱，风险系数高，所以企业应在保证系统安全的前提下适度开放系统和资源共享，否则可能给企业会计信息化系统带来安全风险。

数据安全对企业会计信息化影响深远。因此，会计网络化需要建立在确保数据安全的前提下。其一，建立完善的安全管理制度，规范会计网络化工作。企业在可允许成本的前提下，应制定一系列严格的安全管理制度及奖罚措施并严肃执行，收集合理化建议并及时改进，并做好培训、制度的更迭。其二，建立重要资料备份制度，加强有关资料、信息的保护。会计信息是一个企业重要的资源和数据，如果不能保障其安全，那么企业将处于非常危险和被动的境地，而且会计信息的质量难以保证。因此，要制定完善的电子商务交易法律及规章制度，保护网上交易的公平、公正和合法、合理，同时应当建设具有较高安全性能的网络财务系统，并在必要情况下对其加密处理或电磁屏蔽处理。其三，技术方面的安全管理控制。针对企业与各单位交流的范围，在会计网络上采取防护措施。其四，严密规范的系统管理。注重日常检查和维护，制定相关标准，防止数据入侵。

企业实施会计信息化后，安全隐患随之增加，因此系统运行后要注重及时进行维护，安装防护软件防止病毒侵入及信息泄露等问题的出现，及时对系统中出现的问题进行修正和解决，使系统能够正常持久地运行。

信息系统通常是一个半开放的系统，而网络则是一个相对开放的平台。因此，企业应在软件、硬件上做好防护措施，以避免系统在安全方面的风险。另外，在信息安全建设上投入与分配的资金是否合理关系到企业信息系统的安全程度，投入较少或分配不合理都可能导致企业会计信息化面临诸如数据盗窃、网络用电中断、病毒攻击、火灾水灾、恶意破坏、地震以及程序变更等风险，这些风险均可造成信息系统崩溃、数据泄露或失真，给信息系统造成无法恢复的破坏，从而给企业造成巨大损失。

（四）人员方面的影响

21 世纪人才竞争愈加激烈，企业实行信息化后，人才更是决定能否顺利推行的关键。首先，无论是在人才招聘上还是培训上，都需要充分了解人员信息，科学合理地系统培养，并明确设置岗位及工作职责，使人员需求与供应相匹配；其次，实施会计信息化后要定期对相关人员进行培训和收集反馈信息；再次，定期对系统操作人员和新进员工进行培训，使操作更加规范化，使系统运转过程中的不足得以有效改进；最后，制定严格规章制度，杜绝操作人员的不良习惯与非法破坏，如人为导致信息系统运转不畅、机密泄露。

企业实行会计信息化后，复合型人才最受企业青睐。综合来看，企业信息化的人才应具备这些优良特点：一是人才需要具有全面的知识。会计信息化不仅是一门包含会计、财务、审计、管理和信息技术等多门学科的综合性课程，更是一门实用性很强的专业学科。它不仅需要操作人员能够灵活运用会计专业知识，还要掌握信息技术学科中的基础知识。例如，会计信息化人才不仅要有扎实的专业知识，还要有外语、经济、统计、财政、税收、金融以及法律等相关知识。二是人才的职业技能。从业人员不仅要能够操作会计信息系统，还要能够随着外部环境的变化而及时改变自身的思维方式和处世方法，即具有一定的分析、判断、控制能力，能够熟练操作财务软件，从而更好地开展会计工作。因此，会计人才在会计信息化大环境下应具有会计实务的解决能力、信息技术应用能力和沟通协调能力等综合能力。三是人才的沟通能力。传统手工记账会计涉及的业务基本在本部门内可完成，不需要其他部门的协调和配合就能完成任务。实行会计信息化后，企业部门内部、部门之间以及与企业外部之间的联系不断增加，这就需要会计信息化人才能够与外界相互协调配合、共同商讨，同时还要及时与他人配合、虚心听取意见等。这就要求会计信息化人才要有一定的社交能力，才能迅速适应并融入工作环境，才能全面发挥其专业能力，更好地开展会计工作。另外，会计信息化是操作人员、管理人员与系统不断调试修正的过程，人员的整体水平在这个过程中发挥着重要作用，若是在人员的招聘过程中，在人员需求方面缺乏相关信息，岗位设置不明确，人员需求与供应不匹配，势必会增加企业招聘成本和培训成本，影响企业的生产效率和发展，给企业带来风险。

第二节　企业会计信息化风险防范体系的构建

会计信息化的建设具有时间投入长、风险大、投资金额高及相对复杂等特点，如何通过科学的方法分析建设过程中出现的风险并能够有效规避，是信息化建设工作的必经之路。

一、风险指标选择范围

现代企业会计信息化是一个由网络、人、计算机等组成的系统，具有强大的核算、审核、传递、管理功能。从企业现状来看，从简单的模拟手工做账的方式，转向了迅速、科学合理的智能系统，并支持虚拟企业、网上支付等新的运作形式，是当代企业实现信息化的必经之路。

二、风险指标选取原则

为保障指标选取的合理可行，下面将按照整体一致性、科学性、发展性、层次性以及可操作性五个方面的原则选取风险指标。

（一）整体一致性原则

会计信息系统由人、组织管理以及信息技术组成，相互配合协调。在指标体系内，我们需要研究各项具体指标及其相互联系，以保证体系的稳定性与一致性。同时，通过这些研究使各项评价指标和总目标之间建立有机联系，达到最终的目的，并使系统整体最优化。

（二）科学性原则

科学性是制定指标体系的最基本原则。它是以科学思想为理论基础、以事实为导向的基本原则，讲究实事求是。这一原则表明研究要有正确的理论基础和实践基础，不能虚构和违背已经实践了的理论，同时能较准确地描述要表达的内容，客观反映问题。

（三）发展性原则

发展性原则又称开放性原则。已经建立的风险评价指标体系不可能完全反映所有的风险情况，仅仅能将现有的已列入分析的风险进行定性定量研究评价。风险评价指标体系是开放性的、动态的、不断变化的系统，在特定的情况下不能适应所有的企业。因此，对于不同企业可以适当修改、增加和删除指标体系中的要素，并进行风险指标的分析评价。

（四）层次性原则

指标体系内的各要素存在差异，在功能与结构上表现出等级层次性，在对指标体系设计时应将各风险指标分门别类，分清指标的大类归属和层次等级，并注意各类指标的相关与组合。

（五）可操作性原则

可操作性是量化风险评价指标体系构建的实用性要求，也只有具备可操作性原则才能使研究有实际意义。在会计信息化系统风险评价方案中，通过将抽象的概念转化成可测量、可观察、可体验的具体参数指标，再通过分析研究，最终使该方案在付诸实践后通过数据体现出目标结果，具有非常强的可操作性。

三、风险指标体系内容

前文已经总结出影响会计信息化风险的因素，分别是财务风险、组织结构风险、安全风险、人员风险。下面将从这四个方面确定风险指标的范围。

（一）财务风险指标

众所周知，企业会计信息化建设项目投资大、周期长，需要后期持续的维护与支持，加之存在企业内部结构调整、管理制度变更等许多问题，如果没有资金的大力支持，后期往往会出现问题，使得会计信息化难以维持。下面将对企业会计信息化风险从战略目标、投资预算与分配两个方面进行分析。

1. 战略风险

目前，企业高层对会计信息化的认识不足是影响会计信息化顺利进行的最为严重的问题。事实上，会计信息化并不是一个纯粹的技术问题，它的本质是企业管理思想、经营理念的现实反应，直接影响企业会计信息化目标的确立和实现。

基于此，企业应做好以下几点工作：一是听取企业内部工作人员的反馈和建议，尤其是会计实际操作人员的反馈，必要时聘请相关专家或咨询管理公司进行充分的调研，制订出符合实际情况的会计信息化计划；二是同行业横向对比，不断学习更优秀的信息处理模式；三是合理选择有效的软硬件以及操作系统。

2. 投资预算与分配风险

忽略企业本身的经济实力，缺乏明确的目标，只为追求会计信息化的先进性而进行盲目投资，这也是企业现实存在的弊病。因此，制定合理的预算，并对会计信息化投资的使用进行监控和评估，及时根据反馈情况对预算进行调整，在层次和类别上细分会计信息化投资。

（二）组织结构风险指标

信息无法有效传递和业务流程无法顺利进行，是企业会计信息化建设的最大障碍。而组织内制度的建设和完善水平也是信息化能否顺利进行的关键因素。制度规范约束着组织内员工的行为，有效减少员工在操作上和道德上可能给企业带来的风险；制度的建设有利于组织形成统一规划，防止系统紊乱，促进会计信息化系统的顺利进行。例如，在应用信息系统时对系统的每个功能板块进行严格授权，防止因授权过多而产生的混乱和机密泄露等。下面将对企业会计信息化组织风险从组织结构设计、制度建设两个方面进行分析。

1. 组织结构设计风险

企业组织结构是企业全体成员为了实现共同目标，进行分工、合作、协调的组织框架。如果企业的组织结构设计不能与企业的会计信息化系统相匹配，组织的职责和任务分配不合理，将给企业会计信息化的实行带来风险，使企业的信息无法有效传递，业务流程无法顺利进行。

2. 制度建设风险

企业组织内部人员众多、结构复杂，实行会计信息化后因业务重组给组织带来各方面的变化，原有的规章制度已不再适合现有的组织。让企业的会计信息化有条不紊、科学合理、安全快速地开展，是制度建立的目的。

（三）安全风险指标

会计信息是企业会计信息化最重要的资源，其安全性在很大程度上影响着会计信息的质量。根据国家信息系统安全等级保护的基本要求，从以下方面对安全控制的风险进行分析。

1. 物理安全风险

物理安全指企业会计信息化的软硬件、相关设备、环境、媒体介质以及建筑物等实体的安全，是其他一切安全的基础，盗窃、自然灾害、电力安全、电磁信息泄露等是这类风险的主要表现形式。

2. 主机安全风险

CSI/FBI 的计算机犯罪及安全调查局曾经指出，计算机超过 50%以上的损失是由内部安全威胁造成的。但由于内部约束较小，存在系统管理员、维护员、程序员等带来的风险，即他们一旦操作不当或有意欺诈，就会对信息化系统产生恶性破坏，造成信息的失真和泄露，给企业造成巨大影响。

3. 数据安全风险

数据安全是指有效保护会计信息数据的完整、合法有效，防止被泄露、更改、破坏和丢失。数据完整性是指数据的正确性、有效性和相容性，包括实体完整性和参照完整性。

4. 网络安全风险

网络给企业带来了巨大的便利，但同时也带来了许多风险。例如，在开放的网络环境下，大量的会计信息通过网络通信线路传输，而在传输过程中，信息可能会被非法窃取或恶意篡改；会计信息系统还可能遭受外来网络病毒的破坏。总之，开放和变化的网络环境势必使网络会计下的信息失真现象加重，使对网络会计控制的成本增加、难度加大。

5. 应用安全风险

随着网络应用流量的增加、漏洞攻击的频繁，应用的安全措施必不可少。具体而言，企业需要应用安全工具或策略进行防范，也可以通过安全审计、校验码、加密技术以及对重要数据进行备份和恢复等措施来保护通信过程中数据的完整性和保密性。由于会计信息在传输过程中可能遇到数据传输中断、丢失和泄露等现象发生，因此安全审计功能和重要数据实时备份、恢复的能力显得尤为重要，对每个用户进行安全审计并形成审计记录以便查阅，而一旦发生不可预防的破坏，重要数据也会因及时的备份和恢复功能而被保留下来。

6. 安全管理风险

安全管理是企业管理的一个重要方面，在会计信息系统中，为了实现系统的安全目标需通过组织控制人员的活动，主要从政策、制度、规范、流程以及记录等方面实现安全管理活动。安全管理也是运用公司人力、物力，组织调动各部门、岗位、人员的安全活动。

（四）人员风险指标

企业的发展离不开人才，人才是企业最重要的资源。会计信息化过程离不开人和计算机，它是一个人与计算机相互结合并不断协调的过程。虽然会计信息化在很多方面实现了系统的自动控制，如报表的自动生成、费用的控制等，但仍需要人参与信息数据的录入、统计分析、系统的开发和运维等环节。最大限度地开发人才的潜力，有效利用企业组织内外的人员是进行人员管理的重要一环。高效的人员管理可以提高员工的素质，加强人与人之间、部门与部门之间的沟通，调动人员主观能动性，使之在组织活动中充分发挥才能，促进组织目标的实现。基于此，下面从人才招聘、岗位设置、人才培养和绩效考核四个方面进行人员风险分析。

1. 人才招聘风险

人力资源管理中最重要的是人才招聘这一环节，而人力资源管理最基本的工作就是人才的招聘工作。如果企业没有认真分析人员需求方面的信息，对岗位的职责没有划分清楚，那么招聘的人员就不能满足企业的需求，这就需要企业重新招聘或对其进行培训，以达到要求，这样势必给企业带来招聘成本和培训成本的压力。因此，由于人才招聘的不当而引起的风险将会影响企业的经营和发展，而给企业带来损失。

2. 岗位设置风险

企业要使人才的作用充分发挥，激发企业人才的潜力，就要善于发现人才的优点和长处，规避人才的短处，将人才与岗位充分结合。做到人尽其用，调动和激发人才工作兴趣，使其目标与企业经营目标相一致，高质量地完成企业分派的任务，促进企业经营目标的实现。另外，通过严格制定工作职责和权限形成互相制衡的机制，避免遇到问题时无人承担责任，或者工作过程中出现越权或滥用职权等现象。

3. 人才培养风险

企业实行会计信息化后，必然增加对具备财务、管理、信息技术等会计信息化复合型人才的需求，即要求这些人才同时拥有会计与信息技术等知识，能够不断创新和学习，不断扩大知识层面，并且有较高的职业素质。因此，企业通过内部培养和外部招聘高素质人才，并对他们进行实时培训和考核，以增加企业的竞争能力来适应不断发展变化的会计信息化环境，促使企业的会计信息化水平不断提高。

4. 绩效考核风险

绩效考核有利于准确反映和评价员工的工作内容，提高员工工作热情，对员工有着明显的激励作用；有利于更加公平地反映员工的工作报酬；有利于员工的直接领导者更清晰地了解下属员工，以便进行公平合理的岗位调整、职务晋升；有利于更好地达到企业的经营目标。相反，如果企业不把绩效考核放在重要位置或对绩效考核的管理方法不当，则会造成员工缺乏积极性，进而引起员工消极或不满情绪而造成人才流失，使企业不能保持高效运行的动力。因此，建立有效的绩效考核制度并将考核结果应用于人力资源管理工作中，可以促使员工不断提升自身能力，改进自身的不足，保持高涨的情绪，不断扩大知识层面，从而促进会计信息化的顺利进行。

总之，只有建立准确的风险指标体系，才能对会计信息化的风险做出正确的评价。而建立的指标是否准确，关系到会计信息化的风险评价结果的准确程度。

第三节　企业会计信息化的风险防控具体对策

根据上述对企业会计信息化的风险影响因素分析，除了借助企业会计信息化的风险评价体系对风险进行解读外，还可以借助以下对策对风险进行具体防控。

一、应用云会计决策风险防控措施

（一）应用云会计决策分析

1. 建设良好行业信息环境

企业在决策上云时应充分了解上云的类型和云服务商可提供的服务，即企业应用云会计，首先需要选择云计算平台，其次要选择系统上云服务类型。目前，我国云市场上云计算平台根据部署主体的不同分为公有云、私有云和混合云。企业选择好云计算平台后可选择全业务系统上云服务、开发测试系统上云服务、设备系统上云服务以及建立专属的虚拟私有云计算平台。不同的云计算平台和不同的云服务成本和风险不同，企业应结合云服务商实际案例对其可提供服务的性价比、可用性、可扩展性、安全性以及合规性等方面进行调研分析。由于我国云市场发展尚不成熟，导致企业在选择云会计服务时难以抉择：一方面，企业用户很难获取各个云服务提供商及其提供的云服务充分信息来进行比较和挑选，尤其是性价比相关的内容；另一方面，并非所有类型和规模的企业都有云实例。基于此，国家有关部门和监管机构应当规范云服务商提供的服务信息，杜绝虚假宣传，加大行业信息获取渠道，减少市场信息不对称现象。

2. 应用云会计可行性分析

企业在决策应用云会计时应充分了解自身需求，结合已有的会计信息系统和资金状况、未来发展计划、人力资源和实际业务需要等现状，对企业应用云会计进行可行性分析。同时，要重点分析云会计这一新型会计信息化系统与现有会计信息系统的区别，并分析云会计是否能够切实解决实际业务问题、提升企业运营效率。具体而言，企业应用云会计期望实现企业内数据的集成统一，实现业务流程优化，实现企业财务一体化，这就需要在专属云计算平台上部署全新信息系统，在选择云服务时分析公有云计算平台的数据存储和数据安全性，新的信息系统是否可以弹性拓展和快速部署以及业务数据迁移的风险，但是企业往往都没有充分考虑集团业务容量与新系统的运行能力。此外，应用云会计还有诸多实际的操作问题，企业应当考虑运行新的会计信息系统后，短期内无法适应或无法达到期望时采取的措施，评估现有系统和全新系统的切换、并行和失败返回方案。

（二）应用方案模拟测试

云市场发展已经逐渐走向成熟，企业在对云会计产品进行选择时，最适宜的应用方案需要各云服务商、相关行业组织及第三方组织共同协作。有关行业组织可联合云服务商和第三方组织建立云计算模拟系统，企业用户根据待选应用方案构建模拟环境，实施模拟测试。可对云计算平台和云会计应用的功能、备份和容灾等进行测试，也可对数据迁移、应用迁移、系统切换、系统并行和失败返回进行测试。一方面，可根据实施模拟测试结果修改完善应用方案；另一方面，可参照实施过程准备人员、环境和企业内部部署等资源。

二、会计信息化法律法规风险防控措施

（一）完善会计信息化法律法规

随着技术发展，大数据和云计算使得企业经济活动虚拟化、数字化程度增加，会计信息来源、会计工作模式、会计核算操作流程、数据处理及信息存储都产生了巨大变化，国家有关部门应适应信息技术和经济生活的发展，对云市场的发展、云计算和云会计的具体应用进行调研，结合云服务商和企业用户的意见，尽快出台针对云计算的司法解释和针对云会计的法律法规。其中，大型企业用户应当积极配合调研，主动提交意见，推动云会计信息法律法规出台，落实主体责任，规范业务操作，保障用户权益。

（二）明确合同权利与义务

企业用户在选择云服务和云产品的性能以及与云服务商的服务和产品时明确权利与义务，就可有效避免与云服务商的纠纷和风险，并且企业用户还应根据选择的云服务、云产品和服务等级与云服务商签约。诸如，服务级别与企业信息安全等级、网络流畅度、储存空间及弹性扩展等密切相关，企业应按照自身需要考虑选择服务的级别。在正式签署合同之前，必须了解具体条款的内容，有效地避免由于缺乏定义和了解不充分而造成的风险，尤其对于信息保密、信息安全和信息获取的相关约定，更是要明确约定好双方的违约责任。

三、财务数据信息化风险防控措施

（一）加强财务信息安全建设

1. 对云端的数据进行控制

目前，有些企业采取的上云方案是将核心业务上云，在云上重建企业管理系统（SAP）并部署弹性可拓展的数据库，地面通过系统集成软件（ROMA）对各区域数据进

行集成再通过网络上传云端。基于此，企业应强化对核心业务数据在地面的控制，核心业务数据也应当进行地面保密存储。具体而言，核心数据在云端数据库中存储除 Web 应用防火墙和堡垒机的保护外，还应当加强对数据流的监控，根据业务流程设置数据监控机制，对业务流程全过程进行监控，对于数据流异常及时警报，避免产生数据泄露风险和人员操作风险。

2. 强化内部控制机制

企业可以通过加强内部控制来控制数据安全风险与人员操作风险。在数据安全风险方面，企业和云服务商采取安全责任共担，客户端数据加密和数据完整性认证、服务器端对文件系统和数据的安全保障、登录用户的身份和访问管理等安全责任都由企业负责。其一，加强登录身份管理，企业应当对资源池访问权限按照具体工作岗位进行细分，将安全责任按细分权限对应到个人；其二，加强访问认证管理，具体工作人员登录设备时设置指纹、虹膜或面部识别密码，或者设置移动登录密码；其三，强化岗位不兼容制度，按照会计信息系统调整会计人员岗位，形成操作人员的互相制约和互相监督；其四，根据标准化的业务流程设置精细的操作流程和操作标准，结合系统的智能纠错和人工的考核进行定期工作检查。

（二）新旧会计信息系统并行过渡方案

企业可根据现行信息系统的适用性选择信息系统迁移上云的方式，选择构建新的信息系统可确保会计信息质量的准确性，但也可能在运行后会计政策和会计估计等变动影响到财务数据的可比性。为规避此类情况，企业在选择上云财务应用时可谨慎选择，尽量在保证会计信息质量的同时不变动原会计政策和会计估计。以某企业为例，企业在云端部署了新的信息系统，运行 SAP 软件使得发出原材料的计价方法由“加权平均法”改为“移动加权平均法”，该项会计政策变更采用了未来适用法进行处理，不计算会计政策变更产生的累积影响数，从而影响到财务数据的可比性。在此基础上，企业可评估现有系统与上云后系统的切换方案、并行运行方案，形成财务数据核算方式变更的过渡期，使财务信息使用者通过过渡期了解会计政策变更前后财务数据的变动情况，不影响财务信息使用者的决策。

四、员工操作与流失风险防控措施

（一）加强云会计人员日常管理

1. 合理划分员工工作职能

云会计的应用将会计职能从核算职能向管理职能转移，使会计工作的工作重点从核算转到分析。目前，通过应用云会计实现了业财一体化，这意味着原本大量从事会计核算的会计人员需要转换工作职能。其一，将原从事会计核算工作的会计人员进行重新分配，一部分进入新会计信息系统进行基础性工作，另一部分进行财务管理和财务分析工作；其二，为规避人员操作风险，加强内部控制，财务负责人应定期对财务人员进行云会计相关培训与考核；其三，为规避人才流失以及为应对会计信息化的快速发展，应在财务工作人员中挑选素质较高人员组建云会计人才储备队伍，定期分批次安排到业务部门进行交流，定期进行外部会计信息化培训。

2. 加强云会计人员职业教育

大数据时代，信息技术发展日新月异，为适应会计信息化发展，企业必须加强对财务人员的职业教育。具体而言，企业应增强对财务领域的人才储备意识，对会计人员进行定期的职业教育，加强会计人员职业素养：其一，制定会计人员职业教育制度，定期分批次组织企业内部和外部职业教育；其二，制定会计人员的职业教育考核制度，对职业教育的培训参与程度和参与质量进行考核；其三，加强会计人员职业道德教育，避免内部人员操作风险。

（二）建立云会计人才激励

会计信息化发展变革了会计的核算模式，也改变了会计人员的工作模式。财务软件的应用，要求财会人员不仅要具备丰富的会计知识和实务经验，还要有相应的计算机应用知识，不管是多么精良的会计信息系统都需要相关的人员进行调配。然而，企业想要培养出一批熟悉业务流程、具备会计专业知识、兼具管理能力又能运用信息软件的复合型人才要付出极高的成本。因此，企业不仅应当重视会计人员的培养，也应当注重会计人员的激励，通过适宜的培养和激励促进留住人才。其一，企业可配备相应的云会计人才队伍，并根据企业业务经营和组织管理带来的变化，及时调整建立与之相适应的企业组织管理模式，根据信息系统和业务的需要对人才队伍进行系统培训；其二，建立会计人员的工作实绩考核制度，不限于与企业的业绩相联系，可同时根据会计人员工作完成质量；其三，增加对云会计人才的长期激励，避免人才流失；其四，企业可扩宽云会计人才的未来晋升路径，不限于财务部门。

进入信息化时代，企业可利用大数据加强企业决策能力，提升企业的竞争力，云计算作为信息技术发展下的新型计算模式，可为企业利用大数据提供一个安全性较高、弹性可扩展、规模效益的云计算平台和相关服务。大数据与云计算的结合形成了云会计，企业应用云会计相较电算化会计具有巨大优势。虽然我国云市场逐渐走向成熟，但应用云会计存在诸多风险，企业应当采取一系列防控措施应对风险。

参考文献

[1] 高金清，张文娟，隋雪副. 金融企业会计［M］. 上海：立信会计出版社，2018.

[2] 肖作平. 财务管理［M］. 沈阳：东北财经大学出版社，2018.

[3] 王培，高祥，郑楠. 财务管理［M］. 北京：北京理工大学出版社，2018.

[4] 周瑜，申大方，张云娜，等. 管理会计［M］. 北京：北京理工大学出版社，2018.

[5] 肖康元. 管理会计［M］. 上海：上海交通大学出版社，2018.

[6] 王新平，陈淑芳，薛小荣. 财务管理［M］. 3版. 上海：立信会计出版社，2018.

[7] 温彩风. 财务管理实操大全集［M］. 北京：中国铁道出版社，2018.

[8] 宋娟，等. 财务报表分析从入门到精通实例版［M］. 北京：机械工业出版社，2018.

[9] 李玉菊. 以企业资源为基础的财务报告体系研究［M］. 北京：北京交通大学出版社，2018.

[10] 杜文清，常纪锋. 收益会计理论［M］. 呼和浩特：内蒙古大学出版社，2018.

[11] 李吉梅，李丛. 企业财务会计应用［M］. 北京：清华大学出版社，2019.

[12] 周虹，耿照源. 会计学基础［M］. 杭州：浙江大学出版社，2019.

[13] 陈福军，刘景忠. 会计电算化［M］. 4版. 沈阳：东北财经大学出版社，2019.

[14] 朱红波，叶维璇. 管理会计［M］. 北京：北京理工大学出版社，2019.

[15] 时强. 大型煤炭企业财务管控信息化研究［M］. 天津科学技术出版社，2019.

[16] 王雅姝. 大数据背景下的企业管理创新与实践［M］. 北京：九州出版社，2019.

[17] 袁利虹. 新常态下国企财务管理与会计工作前沿问题探究［M］. 北京：北京理工大学出版社，2019.

[18] 盛天松，王传彬. 企业财务会计项目化教程［M］. 武汉：武汉理工大学出版社，2019.

[19] 杨公遂，杨若谷，尉可超. 高级管理会计理论与实务［M］. 沈阳：东北财经大学出版社，2019.

[20] 陈湘州. 财务会计与管理决策［M］. 天津：天津人民出版社，2019.

[21] 韩文连. 管理会计学［M］. 北京：首都经济贸易大学出版社，2018.

[22] 周红，王建新，张铁铸. 国际会计准则 [M]. 3 版. 沈阳：东北财经大学出版社，2018.

[23] 江希和，向有才. 成本会计教程与案例 [M]. 上海：立信会计出版社，2018.

[24] 李桂荣. 中级财务会计 [M]. 4 版. 北京：对外经济贸易大学出版社，2018.

[25] 赵盟. 基础会计 [M]. 2 版. 沈阳：东北财经大学出版社，2018.

[26] 刘淑莲. 财务管理理论与实务 [M]. 4 版. 沈阳：东北财经大学出版社，2019.

[27] 吴福喜. 会计基础 [M]. 杭州：浙江大学出版社，2019.

[28] 陈福军，刘景忠. 会计电算化 [M]. 4 版. 沈阳：东北财经大学出版社，2019.

[29] 刘金星. 管理会计 [M]. 沈阳：东北财经大学出版社，2020.

[30] 何家凤. 会计信息系统实验 [M]. 重庆：重庆大学出版社，2020.

[31] 杜丽，杨高武. 会计电算化 [M]. 北京：北京理工大学出版社，2020.

[32] 施先旺，马荣贵. 高级财务会计 [M]. 沈阳：东北财经大学出版社，2020.